JN232967

英語教育
21
世紀叢書

英語教師のための
Excel活用法

清川英男・濱岡美郎・鈴木純子——著

大修館書店

本書におけるパソコンおよびExcelの操作解説は，Microsoft Windows に Excel 2000がインストールされた環境を前提に書かれている。その他のOS環境／Excelバージョンでは，一部操作画面が異なる場合がある。

Microsoft®, Windows®, Microsoft® Excel 2000 は，米国 Microsoft Corporation の登録商標である。
　なお，本文中では，「Microsoft® Excel 2000」のことを単に「Excel」と記述しており，いちいちにTMおよび®マークは明記していない。

まえがき

　本書は中学・高等学校の英語教師および大学院生を想定して執筆したものである。日常行っているテストと評価という基本的な作業をもう一度原点に戻って考え直し，さらに道具としてのExcelを用いて，テストのデータを能率的に記録・分析・保存し，次のテストと評価に役立たせるノウハウを提供したい，という私たち著者3名の願いから出発したものである。

　企画の最初の段階で，現場の教師が「テストは何のために行っているか」についての実態を調査した。その結果，テストは生徒の学習成果を測定するため，学習意欲を向上させるためだけに実施され，それで終わってしまうことが多い，ということが分かった。しかし，それだけを最終目的にするのではなく，これを一歩進めて数種類のテストのデータを種々の観点から分析することによって，実施したテストの形式・内容や設問の適不適を反省し，次のテストに生かしたい。また，これに加えて，必要に応じて生徒にアンケート調査を行い，その結果を分析することによって授業を評価し，授業および教授法を改善するヒントを得たい，というのが私たちの願いである。さらに一歩進んでアクション・リサーチの研究方法を取り入れてみるのもよい。

　本書を一見するとExcelのマニュアルのような印象を持たれるかもしれない。しかし，それだけではない。基礎編では英語のテストに関する事例を多数盛り込み，データ処理が苦手な英語教

師の授業および評価法の改善や，大学院生のための基本的な分析作業に最低必要な技術，ノウハウおよび目標を示した。応用編では，大学院生への指導の体験，研究歴の浅い人の多くの発表を学会で聞いた経験などから，本格的に実証的な研究に取り組みたい人を想定して，重要であるにもかかわらず，とかくないがしろにされてきた点について解説を試みた。また，文献解題ではあえて本格的な研究論文を取りあげた。英語教育21世紀叢書の『アクション・リサーチのすすめ』『英語教師のための新しい評価法』『英語テスト作成の達人マニュアル』を同時に参照しながら，「評価のための Excel 操作の達人」になり，願わくはテストに関する優れた研究を試みていただきたい。

　本書は，第1・13・14章 清川，第2・3・4・5・6・7・9・10・11章 濱岡，第8・12章 鈴木の分担で執筆した。レーダーチャート自動作成のプログラムは濱岡が担当した。

　この種の企画は私たちにとって大きな冒険である。本書の企画・構成・記述・表現・用語の統一に関しては常に3名が協議して進めた。21世紀の英語教育の実践と研究に貢献したいという息ごみからである。また一方で，意を尽くせない点があるのではないか，という気がかりもある。読者の方々による忌憚のないご批判をお願いしたい。

　たまたま平成13年度の和洋女子大学学内共同研究が認められ，テストと評価の能率化，機械化に関する研究に対して援助が得られた。これがわれわれの構想を具体化し，企画を推進するために大きな励みになった。ここに記して学長，学部長，学科長に心から感謝したい。

　その他に，多くの大学英語教育学会（JACET）および日本言語テスト学会の役員の方々，若い会員から励ましのことばと多く

の助言をいただいた。大学院生，特に教職経験のある人からの素朴であるが本質をついた質問，コメントは筆者たちに評価と統計的手法，教育研究のあり方を改めて考えさせてくれた。

　最後になったが，企画から2年以上経過したにもかかわらず，その間辛抱強く原稿の完成を待って下さった大修館書店の編集部の方々，特に企画の段階でお世話になった池田恵一氏および校正にあたってご苦労をかけた池田菜穂子氏に心からお礼を申し上げたい。

　2003年 3月28日

著者一同

『英語教師のための Excel 活用法』目次

まえがき ———————————————————————— iii

● 基礎編

第1章 テストの目的と種類，結果の利用

1. テストの種類 ————————————————————— 3
2. テストを実施する前に考えるべきこと ————————— 4
3. Excel を使って何ができるか ————————————— 6
4. 授業の反省材料としてのテストのデータ ———————— 7

第2章 Excel の基本操作

1. Excel を使う前に ——————————————————— 9
   - 1-1 コンピュータの使用 ————————————————— 9
   - 1-2 コンピュータの操作 ———————————————— 10
   - 1-3 ファイルの使い方（バックアップ）————————— 11
2. Excel の基本概念 —————————————————— 11
3. Excel の構成 ————————————————————— 12
4. 基本操作 ——————————————————————— 18
   - 4-1 基本操作のための用語 —————————————— 18
   - 4-2 並べ替え（ソート）———————————————— 25
   - 4-3 合計点，平均点，標準偏差などの求め方 ————— 29

第3章 学年始めにやりたいこと
——到達度別のクラス編成をしたい

1. 学力テストの結果の見方と利用の仕方————36
    1-1 テストの目的————36
    1-2 得点データから得られる情報————36
    1-3 正しいデータを手に入れるためには————37
2. テストの分析————38
    2-1 クラス，男女，指導者などの違いによる比較————38
    2-2 正答率，各選択肢の選択率————42
    2-3 クラス分けの実際————54

第4章 成績を能率的につけたい

1. 平常点の記録————58
    1-1 データ管理のコツ————58
    1-2 注意点————58
    1-3 得点表の作成——重み付けの工夫————59
    1-4 平常点の取り方————61
2. 実際に用いるいくつかのテクニック————61
    2-1 列，行の挿入————62
    2-2 列，行の非表示と再表示————63
3. 重み付けと換算————65
    3-1 重み付け————65
    3-2 記号の換算————68

第5章 平均点を上げたい

1. 平均点のウソ──統計情報の意味 ──────── 70
    1-1 ウソ・その1──知らずにつくウソ(1) ──── 70
    1-2 ウソ・その2──知らずにつくウソ(2) ──── 72
    1-3 ウソ・その3──意図的につくウソ ────── 76
2. 数式は言語 ──────────────────── 77
3. 配点の工夫 ──────────────────── 78
4. 配点調整の実際 ────────────────── 80

第6章 学年全体で英語の評価をしたい

1. 5段階評価と10段階評価 ─────────────── 83
2. 5段階評価と10段階評価の実際 ────────── 84
3. 成績表と平均の表の作成 ─────────────── 85
4. 評点の分布表の作成 ─────────────── 87
5. 評価会議の実際 ────────────────── 90

第7章 平均点が同じクラスの違いを知りたい

1. クラスの特徴を分析する ─────────────── 95
    1-1 ヒストグラムを描く ──────────── 97

第8章 生徒に弱点を知らせたい

1. 正答率 ——————————————————— 105
　　1-1 小問別，技能別の正答率 ——————— 105
　　1-2 正答率の求め方 ————————————— 106
2. レーダーチャートの作成 ————————— 113
　　2-1 レーダーチャートとは何か ——————— 113
　　2-2 レーダーチャートの作成 ———————— 116

第9章 成績が伸びているか否かを知りたい

1. 偏差値による判断 ————————————— 121
　　1-1 偏差値の長所 —————————————— 121
　　1-2 偏差値の短所 —————————————— 122
2. 偏差値の算出 ———————————————— 123
3. 偏差値の変化のグラフ ——————————— 126
4. 観察結果の利用 —————————————— 128

第10章 教師の反省材料を得たい
　　　　　——正答率，問題の偏り，項目分析

1. 生徒の能力の分析 ————————————— 129
2. 分析の視点 ————————————————— 131
3. 得点状況と生徒の得点との関係を示す表の作成 — 131
4. 問題点 ——————————————————— 136

第11章 ネイティブの採点基準を知りたい
――ネイティブ・スピーカーなら大丈夫?

1. 評価のズレ ─────────────── 138
   - 1-1 評価の信頼性 ─────────── 140
   - 1-2 評価の要素 ───────────── 141
   - 1-3 実際に評価される要素 ─────── 141
   - 1-4 ACTFL の評価基準 ────────── 142
2. 相関 ───────────────────── 143
   - 2-1 相関関係 ─────────────── 143
   - 2-2 相関係数の意味 ───────────── 147
   - 2-3 相関係数の算出 ───────────── 147
   - 2-4 散布図の作成 ─────────────── 150

第12章 生徒の反応を授業に生かしたい

1. アンケート調査の方法 ───────── 153
   - 1-1 アンケート調査の概略 ─────── 154
   - 1-2 アンケート調査――実施の手順 ─── 155
2. Excel によるデータ集計手順 ─────── 162
   - 2-1 調査結果の入力 ───────────── 162
   - 2-2 データのチェック ───────────── 164
   - 2-3 データの集計 ─────────────── 166
3. 回答のゆれと誤差 ───────────── 173
   - 3-1 標本誤差と非標本誤差 ───────── 173
   - 3-2 サンプルの抽出法 ───────────── 175

● 応用編

第13章 実証的研究の進め方のABC

1. 実証的研究とは ———————————————— 179
2. 研究計画の立て方と流れ ———————————— 180
   2-1 研究課題の設定 ————————————————— 181
   2-2 文献を分析的,批判的に読む ————————————— 183
   2-3 仮題名の決定 ——————————————————— 185
   2-4 目的と研究仮説の設定 ——————————————— 185
   2-5 研究デザインの組み立て —————————————— 187
   2-6 予備調査・予備実験を必ず行え ——————————— 191
   2-7 本調査・本実験 —————————————————— 192
   2-8 データの集計・分析 ———————————————— 192
   2-9 結果の分析と記述 ————————————————— 192
   2-10 結論 ——————————————————————— 193
   2-11 考察と今後の課題 ————————————————— 194
   2-12 発表 ——————————————————————— 195
   2-13 発表後の連絡 ——————————————————— 196

第14章 文献研究
197

参考文献 ———————————————————————— 215
索引 —————————————————————————— 216

英語教師のための Excel 活用法

1 テストの目的と種類，結果の利用

1 テストの種類

　われわれ英語教師は，どのような種類のテストを実施し，その結果をどのように利用しているだろうか。[1]

　最も多いのは中間テスト，学期末テストだろう。中には，1週間に1回，あるいはレッスンが終わるごとに小テストを行っている，という熱心な教師もいる。この結果を平常点として記録し，生徒の励みに利用しようというものである。

　次に，自分が教えている中・高校生の実力が全国的にどのレベルであるかを知りたいときは「○○式診断テスト」を，3年生を担当すると業者あるいは自作の模擬試験などを利用する。

　この他に，選抜試験のひとつである入学試験がある。さらに，生徒，学生の学力を診断するために自作するテストもある。この種のテストは生徒の力に即した授業を行う目的で，あるいは新年度の最初にクラス分けテストとしても使うことができる。

　事前テストと事後テスト[2]を用いれば実験の前と後の学習者の成績を比較し，実験のいくつかの目的が達せられたかどうか，を

---

1) 詳しくは Cohen, A. D. (1994). *Assessing language ability in the classroom* (2nd ed.). Boston: Heinle & Heinle. などを参照されたい。
2) たとえば，『JACET 英語中級聴解力標準テスト』Form A, B など。

測定することができる。このようにいろいろな種類のテストがあり，これを目的別に分類すると次のように分けられるだろう。

(1) 生徒の達成度を測る，主として教師の自作による学力テスト
(2) 生徒の実力を診断，把握し，理解を深め，必要に応じて生徒の進路選択，クラス分けなどの参考資料とする規模の大きなテスト

2 テストを実施する前に考えるべきこと

このようなテストをめぐって，英語教師が考えるべきことを分類するとおよそ次の5項目になるだろう。

1　どのような方法で，どのようなテスト問題を作ると生徒が勉強したことを正しく評価できるか。
2　テストの配点，採点方法をどのように工夫すればよいか。
3　テストの結果をどのように解釈し，評価の材料にするか。
4　テストの結果のどのデータを，どのように生徒に伝え，指導すればよいか。
5　テストのデータから教師はテスト内容，テスト形式，採点方法に関してどのような反省をし，カリキュラム，教え方，授業の改善に役立てるか。

これらの項目だけでもあまりに大きくてとらえどころがないように思われるが，順序だてて考え，年間計画にもりこみたい。

テスト問題を作る前にまずテストの目的，つまりどのような言語能力を測定したいのかをチェックしなければならない。具体的には，文法事項，コミュニケーション能力（「聞く」「話す」「読

む」「書く」の4技能のなかのどれか,あるいは2つ以上か)を測定する項目か,総合的能力か,などとなるだろう。

これをさらに細かくして,年間計画をたてる時点で次のような項目に配慮しておく。

a. 到達目標,望ましい形式,問題数,時間
b. テストの範囲
c. テストの内容(文法事項,単語などの難しさなど)に関すること
d. 利用できる教具の種類,場所
e. 問題の作成・印刷などの準備期間
f. 問題の作成,チェック方法などの役割分担

特にテスト形式を変更するときは,指示の仕方も含めたい。

また,これに加えて小テスト,生徒の自己評価・相互評価をどれだけの割合で平常点として加えて評価の材料とするか,などの確認も忘れてはならない。絶対評価ならば到達目標をどのように設定(たとえば,合計何点ならばAのレベルに達しているとするか,など)するか,が最大の問題となろう。

この際,昨年度の評価に関する会議の記録,メモを読み直し,成功したと思われる方法と同時に,失敗したと考えられる点を確認し,後者についてはそれを繰り返さないよう,さらに一歩前進するよう配慮したい。

前ページの5項目のうち,第1の項目に関するノウハウは専門書[1]にゆずることにして,本書では主として第2,3,4,5の項目に役立つようなデータの分析のための道具の扱い方について,

---

1) 羽鳥博愛,他(1979)『英語指導法ハンドブック(4)評価編』(大修館書店),靜哲人(2002)『英語テスト作成の達人マニュアル』(大修館書店),Cohen, A. D.(1994)前掲書など。

扱い方だけでなくテストに関する基本的な心構えにもふれながら，例題を中心に取り扱うことにする。

3 Excelを使って何ができるか

Excel（エクセル）は表を使って計算させるコンピュータのソフトであり，多くの便利な機能を備えている。まず，計算の途中経過を確認し，データの検索，抽出，並べ替え，修正，削除が簡単にできる点である。生徒ひとりひとりの数科目の点数について作表し，テストの得点処理のために「関数」という機能を使って合計点，平均点をはじめ，順位，標準偏差のような記述統計データをすばやく求めることができる。さらに作成に長時間かかった種々のグラフ，それを含めた報告書も容易に作成できる。上のような記述統計だけでなく，少し手数はかかるが，実証的な研究のために用いる統計的検定[1]や相関係数の計算を短時間で行うこともできる。

たとえば，1学期の評価を想定してみよう。生徒の氏名，平常点が前もって記入してあれば，期末テストの結果を短時間にインプットし，数科目の合計点，平均点を求める際の重宝な助手となる。ただし，当然のことであるが，平均点を求め，それだけのデータからある生徒の得点を解釈してはならない。

実力テストならば，客観テストを多くしてマークシートで解答させ，コンピュータに取り込むように工夫すれば，作問に多くの労力と時間はかかるが，結果のデータ処理は実に容易になる。

---

1) 本書では詳しく扱わなかったが，推計統計の統計的手法に関しては必要に応じて清川英男（1990）『英語教育研究入門』（大修館書店），Hatch, E. & Lazaraton, A. (1991). *The research manual: Design and statistics for applied linguistics*. New York: Newbury House. などを参照されたい。

ただ，Excel の使い方にのめりこみ，そのことが目標であるかのような錯覚におちいり，最終的な目的を忘れがちな教師をときどき見かける。お互いにくれぐれも注意したいものである。

4 授業の反省材料としてのテストのデータ

実施したテストの結果から得たデータ（誤りの分析も含む）は実際にはあまり検討されず，利用されていないが，これを種々の角度から分析し，まず次のテストの内容，形式の構成，計画の立案にぜひ生かしたい。具体的に述べれば，生徒の学び方，カリキュラムのほかに，生徒の実態をより詳しく把握し，自分の教え方，教授法に対して謙虚に反省し，次のステップで違った方法を試みるためのヒントを得たい。

たとえば前年と同じテキストを使って同じ教師が担当していれば，日本人が苦手なある文法事項（たとえば現在完了，受動態）について，3〜4題だけ昨年とほとんど同じ問題を出題し，今年の平均点と比較することができる。テスト全体についてもクラスごとの平均点のような代表値だけでなく，点数の分布もヒストグラムという棒グラフを作成し，比較することができる（詳細は第9章「成績が伸びているか否かを知りたい」を参照されたい）。そうすると，たとえ昨年より平均値が低くても問題が難しかったのかもしれないし，単純に生徒の学力低下ときめつけられないということがわかる。

とかく反省というと欠点ばかりチェックする傾向があるが，良くなった点については大いに生徒を誉め，学習意欲を向上させるよう心がけたい。「指導法に関する工夫が実ったらしい」ということになれば，データだけでなく，そのときに用いた教材をできれば指導案のメモとともに記録し，共有財産として保存し，次の

年にぜひそれを生かしたい。これを累積して研究のレベルにまで高めることは難しいことではない。

　もうひとつ加えると，経験の浅い教師はとかく上位の生徒や積極的な生徒に，あるいは逆に下位の生徒に注意を向けすぎる傾向があるが，中位の生徒は教師の助言によって大きく成長するものである。その生徒たちの成績の変化にもぜひ注目したい。

　最後に，言うまでもないが，この種の情報は生徒自身のプライバシーにかかわるものなので，取り扱いに関しては細心の注意を払いたい。

　テストはこのように生徒の学習指導のためのデータだけでなく，授業の改善にも役立つデータを提供してくれるので，その結果を分析，記録，保存し，得点の解釈，コメントとともに教師がいつでも使えるようにしておきたい。そのための座右の道具のひとつしてExcelを十分活用したいものである。

2 Excel の基本操作

1 Excel を使う前に

　本書で扱うのは Excel を用いて統計や評価を行う際に必要な考え方，操作法などである。本書ではコンピュータを使い始め，ワープロとしては大体使いこなせるようになった方々を想定して記述している。

　本章で基本的な操作についても簡潔に示してあるが，コンピュータの立ち上げ方，Windows の基本操作（キー操作，マウスの操作など）にまだ慣れていない方はコンピュータ上でしかるべき練習を終えてから取り組む方が理解がはやい。また書籍などを利用して Excel の予備知識を得ることも有効である。

　最低，次のことを頭に入れて読み進め，実際に Excel を動かしながら練習していただきたい。

　なお，本書の例を作成するにあたっては，Excel2000を用いた。

1-1 コンピュータの使用

　コンピュータを使用することは知識ではなく，操作である。必ず実際に操作しながら読み進めていただきたい。鉛筆や電卓，そろばんなどを使うときに，この道具の操作はどうやるのだろうと

考えていては仕事にはならない。やろうとしたことが頭に浮かぶと同時に自然にマウスがしかるべきところへ移動し，指が目的のキーをたたくようになってはじめてコンピュータを道具として使いこなせることになる。

　すべての操作を実際にやってみていただきたい。すべてのメニュー項目をマウスでクリックし動かしてみて，分からなければ「ヘルプ」を参照する。さらに基本的な疑問があればExcelのやさしい解説書を購入する必要が生じるかもしれない。

1-2　コンピュータの操作

　コンピュータは人間が作った事務機械である。したがって作った人間が考えたことを行う。ハードウェアについてはどれもほとんど変わりがない。実際に操作するのはソフトウェアである。これも人間が設計したもので，設計者が必要と思った機能が盛り込まれている。これは使用者が必要と思うものとほぼ共通である。したがって「このようなことができるのではないか」と考えて，「どのようにすればその機能を使用できるのか」と考えることが有効である。

　さて，ソフトウェアの使用方法を覚える際に役立つのは「人間が事務仕事をする際には何をするのか」を考えることである。必要なのは，帳簿，帳簿に書き入れる筆記用具，消しゴム，机，こまごまとしたものを入れるフォルダや引き出し，線を引く定規，電卓，そろばんなどである。

　コンピュータ上ではこれらはすべて機械の中にあり，それを実際に手で扱うのではなく概念的に操作することになる。その仲立ちをするのが「メニュー」である。それぞれのメニューは適当なグループを作って「メニューバー」に提示されている。そのグ

ループの中から適当な道具を出して仕事をする。ワープロソフトの Word に慣れていれば，Excel は同じ会社が作ったものなので，操作はほとんど同じ感覚で行える。

1-3 ファイルの使い方（バックアップ）

新規に作成したオリジナルのデータは必ず1度保存してから各種の操作をしていただきたい。保存先は「マイドキュメント」，フロッピー・ディスク，MO など適宜選択する。失敗しても被害が最小になる。

こうしておけば，練習する際にも，データを壊すのではないか，という恐怖にとりつかれずにすべての操作を心置きなく行うことができる。

2 Excel の基本概念

Excel は表計算を行うソフトウェアである。大きな帳票に数字などを書き込み計算し，数字を処理することが目的である。

その帳票は「ワークシート（シート）」と呼ばれる。その中に罫線に囲まれた数字を書きこむ欄があり，これを「セル」と呼ぶ。それぞれのシートはめくりやすいようにタブがついており，これをクリックすることで別のシートを見ることができ，またそこで作業ができる。シートは何枚も集まり帳簿を構成する。これが「ブック」と呼ばれ，1つのファイルとしてコンピュータに保存されるのである。

紙の帳票で作業をする場合は，そろばんや電卓で目的の式に従って数値を操作しその結果を目的の欄に書き込むが，Excel の場合は，式そのものを書き込むとコンピュータが処理し，数値を

表示してくれる。また，多くの欄に対して計算が必要な場合も，式をコピーするだけで，参照するセルの数式等を，移動先やコピー先へ自動的に適切なものに置き換えて処理するので，きわめて効率的である。

3 Excel の構成

まず，Excel を起動したときに画面に表示されるものを簡単に解説する。

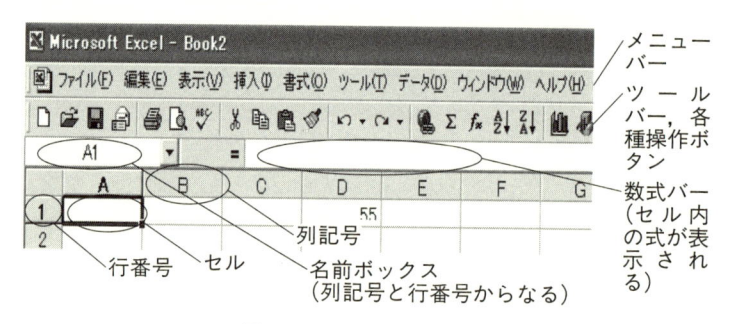

図 2-1　エクセルの画面

シート：マス目の入った白い帳票であり，画面上で一番大きな面積をしめる。

セル：シートの中のマス目であり，そこに数字，文字，式を書き込む。文字の書式，色，罫線の形式，表示形式（数字，日付，文字，数式）などが設定できる。

名前ボックス：現在どこのセルが選択されているかを示す部分である。最上段に列記号，一番左側の部分に行番号を示すバーがあるが，広いシートでセルの場所がわからなくなった場合に便利である。

数式バー：式を入力したり，すでにセルに入っている内容を編

集する時に用いる。

マウスポインタ：マウスがどこにあるかを示すためにウィンドウ内で移動する矢印である。

メニューバー：下図の部分をメニューバーと呼ぶ。

Microsoft Excel - Book1
ファイル(F) 編集(E) 表示(V) 挿入(I) 書式(O) ツール(T) データ(D) ウィンドウ(W) ヘルプ(H)

図2-2　メニューバー

これはコンピュータへの指示をいくつかのグループに分けてまとめたものである。これをクリックするとメニューの形で指示が示されるので，目的のものを選んで処理を進めることができる。各メニューの概要を図2-3～10に示す。

自明なものには説明をつけていないので，実際にExcelを操

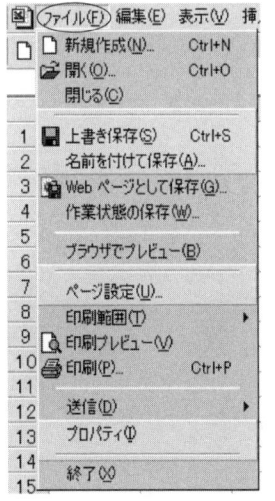

新規作成(N)　Ctrl+N	新しいワークシートを開く
開く(O)...　Ctrl+O	すでにあるファイルを開く
閉じる(C)	開いているファイルを閉じる
上書き保存(S)　Ctrl+S	開いているファイルをその名前のまま保存
名前を付けて保存(A)...	開いているファイルを新名称で保存
Webページとして保存(G)...	
作業状態の保存(W)...	
ブラウザでプレビュー(B)	
ページ設定(U)...	印刷時の用紙などの指定
印刷範囲(T)	ワークシートの印刷範囲を指定
印刷プレビュー(V)	印刷される様子を確認できる
印刷(P)...　Ctrl+P	プリンタで印刷する
送信(D)	
プロパティ(I)	
終了(X)	Excel自体を終了する

図2-3　ファイルメニュー

作し，どのような動きをするか確かめていただきたい。また，途中でわからないことがあった場合は「ヘルプ」を参照してほしい。

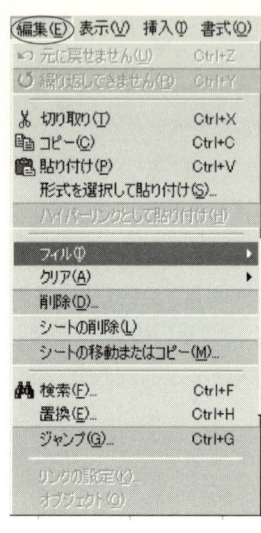

切り取り(T) Ctrl+X	指定した範囲を切り取る
コピー(C) Ctrl+C	指定した範囲をコピーする
貼り付け(P) Ctrl+V	コピーしたセルを貼り付ける
形式を選択して貼り付け(S)...	セルの内容だけでなく書式なども選べる
フィル(I)	連続した値などを作成できる
クリア(A)	セルの内容だけでなく書式なども選べる
削除(D)...	選択したセルを削除する
シートの削除(L)	ワークシートを削除する
シートの移動またはコピー(M)...	ワークブック内でシートを移動
検索(F)... Ctrl+F	特定のデータをシート内で検索する
置換(E)... Ctrl+H	特定のデータを検索し，異なる値に置換
ジャンプ(G)... Ctrl+G	様々な条件で目的のセルを探し，移動

図 2-4　編集メニュー

標準(N)	通常のワークシートの表示にする
改ページ プレビュー(P)	どのように印刷されるかを表示
ツールバー(T)	どのようなツールバーを表示するか選択
数式バー(F)	セルの内容を示すバーの表示/非表示
ステータス バー(S)	シート下の簡易計算バーの表示/非表示
ヘッダーとフッター(H)...	印刷時のヘッダー，フッターの指定
コメント(C)	セルにコメントを貼り付ける
ユーザー設定のビュー(V)...	ブックを様々な形で表示または印刷
全画面表示(U)	画面いっぱいにシートを表示
ズーム(Z)...	表示の拡大，縮小を指定

図 2-5　表示メニュー

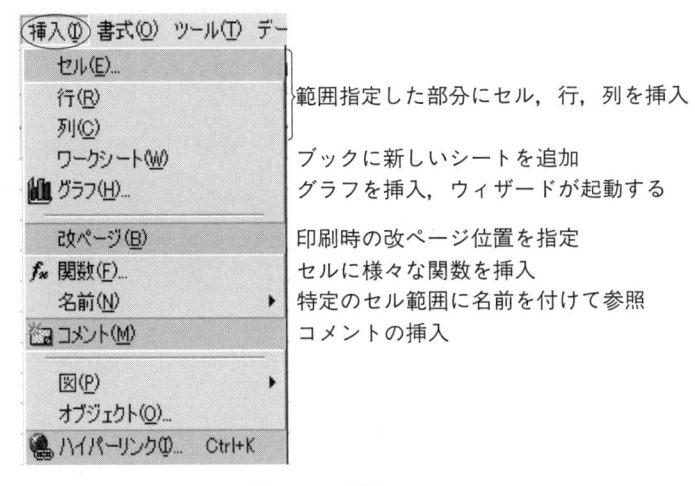

セル(E)... / 行(R) / 列(C)	範囲指定した部分にセル,行,列を挿入
ワークシート(W)	ブックに新しいシートを追加
グラフ(H)...	グラフを挿入,ウィザードが起動する
改ページ(B)	印刷時の改ページ位置を指定
関数(F)...	セルに様々な関数を挿入
名前(N)	特定のセル範囲に名前を付けて参照
コメント(M)	コメントの挿入

図2-6　挿入メニュー

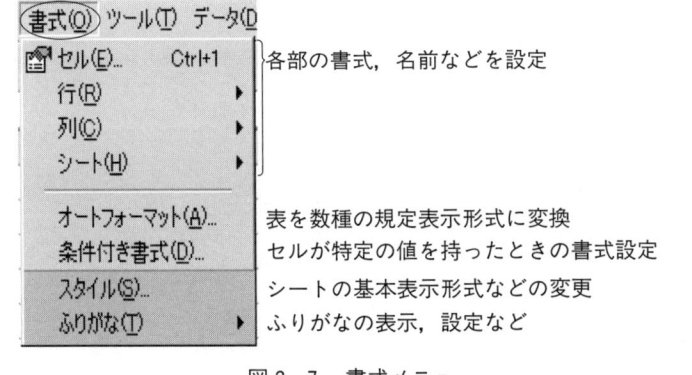

セル(E)... / 行(R) / 列(C) / シート(H)	各部の書式,名前などを設定
オートフォーマット(A)...	表を数種の規定表示形式に変換
条件付き書式(D)...	セルが特定の値を持ったときの書式設定
スタイル(S)...	シートの基本表示形式などの変更
ふりがな(T)	ふりがなの表示,設定など

図2-7　書式メニュー

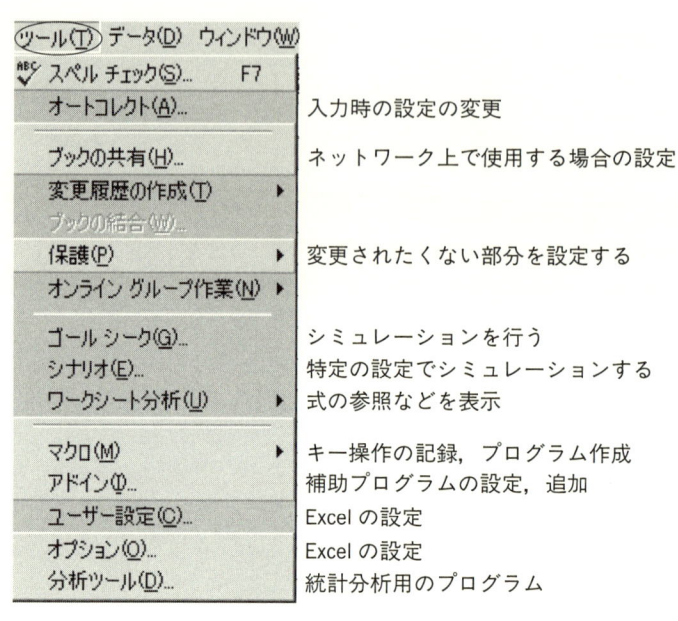

```
ツール(T) データ(D) ウィンドウ(W)
 ABC スペル チェック(S)...    F7
    オートコレクト(A)...                    入力時の設定の変更

    ブックの共有(H)...                     ネットワーク上で使用する場合の設定
    変更履歴の作成(T)          ▶
    ブックの結合(W)...
    保護(P)                    ▶         変更されたくない部分を設定する
    オンライン グループ作業(N)  ▶

    ゴール シーク(G)...                    シミュレーションを行う
    シナリオ(E)...                        特定の設定でシミュレーションする
    ワークシート分析(U)         ▶         式の参照などを表示

    マクロ(M)                  ▶         キー操作の記録, プログラム作成
    アドイン(I)...                        補助プログラムの設定, 追加
    ユーザー設定(C)...                     Excel の設定
    オプション(O)...                       Excel の設定
    分析ツール(D)...                       統計分析用のプログラム
```

図 2-8　ツールメニュー

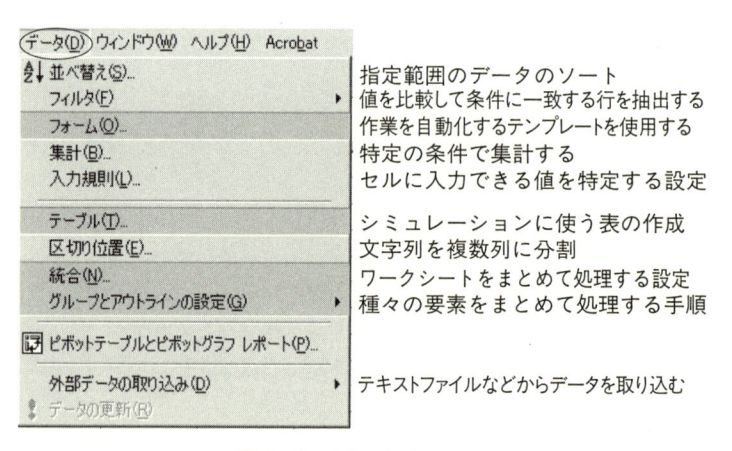

```
データ(D) ウィンドウ(W) ヘルプ(H) Acrobat
 ↓↑ 並べ替え(S)...                              指定範囲のデータのソート
    フィルタ(F)                      ▶         値を比較して条件に一致する行を抽出する
    フォーム(O)...                              作業を自動化するテンプレートを使用する
    集計(B)...                                 特定の条件で集計する
    入力規則(L)...                              セルに入力できる値を特定する設定

    テーブル(T)...                              シミュレーションに使う表の作成
    区切り位置(E)...                            文字列を複数列に分割
    統合(N)...                                 ワークシートをまとめて処理する設定
    グループとアウトラインの設定(G)   ▶         種々の要素をまとめて処理する手順

    ピボットテーブルとピボットグラフ レポート(P)...

    外部データの取り込み(D)          ▶         テキストファイルなどからデータを取り込む
    データの更新(R)
```

図 2-9　データメニュー

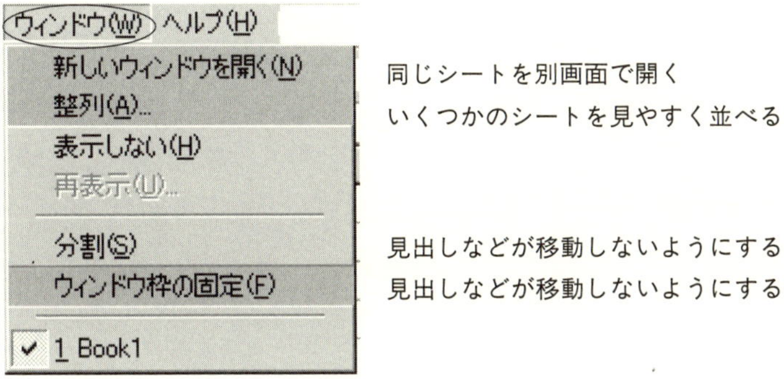

```
ウィンドウ(W) ヘルプ(H)
  新しいウィンドウを開く(N)      同じシートを別画面で開く
  整列(A)...                  いくつかのシートを見やすく並べる
  表示しない(H)
  再表示(U)...
  分割(S)                     見出しなどが移動しないようにする
  ウィンドウ枠の固定(F)          見出しなどが移動しないようにする
✓ 1 Book1
```

図2-10 ウインドウメニュー

ツールバー：メニューバーからも指示できるが，頻繁に使用するものがツールバーにボタンの形で示されている。標準で現れるもの（メニューやボタンは必要に応じて表示させたり，隠したりできる）の中でExcel特有のものについて以下に示す。また必要に応じて，表示メニューのツールバーから表示させることもできる。

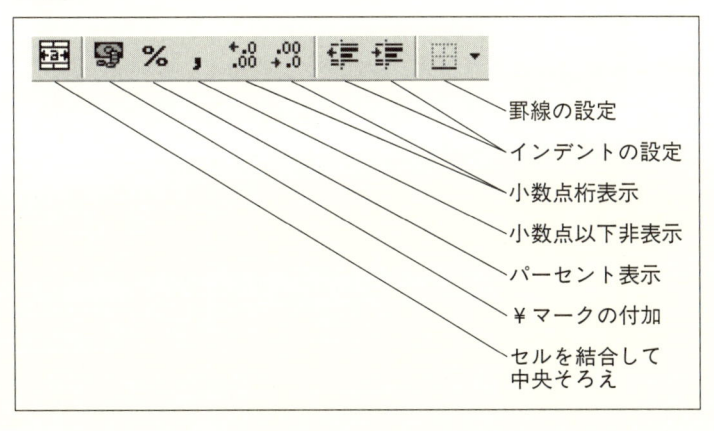

- 罫線の設定
- インデントの設定
- 小数点桁表示
- 小数点以下非表示
- パーセント表示
- ¥マークの付加
- セルを結合して中央そろえ

図2-11 ツールバー

前ページの図2-11は，セルの表示形式の設定と罫線を設定するものである。

左の図2-12は，合計を求める式のボタン，各種関数を挿入するためのダイアログボックスを開くボタン，並べ替えを行うボタン，グラフの作成のウィザードを起動するボタンである。

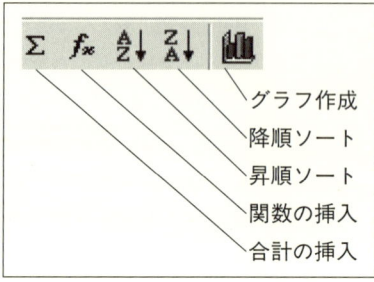

```
Σ  f×  A↓  Z↓  📊
              グラフ作成
            降順ソート
          昇順ソート
        関数の挿入
      合計の挿入
```

図2-12　各種のボタン

4 基本操作

4-1 基本操作のための用語

Windows を用いるための基本操作を簡単に復習しておこう。

クリック：マウスの左ボタンを1度押すこと。

ダブルクリック：マウスの左ボタンを素早く2度押すこと。

右クリック：マウスの右ボタンを1度押すこと。このことにより，現在選択したセルでよく使われる操作がメニューで示される。

ドラッグ：選択したセルや範囲を示す部分の特定の部分にマウスポインタを置き，マウスの左ボタンを押し，押したまま目的の場所まで移動させること。

セルの範囲を選択すると黒い太枠が示され，右下の小さな四角をドラッグすると選択した部分がドラッグした部分にコピーされる。それ以外の黒枠の部分をドラッグすると移動する（図2-13〜18）。

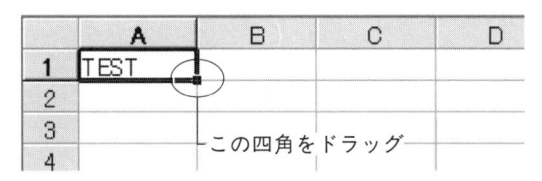

図 2-13　ドラッグ

図 2-14　カーソルを四角に近づける

マウスカーソルを四角に近づけると，カーソルの形が矢印から＋の形に変わる（図 2-14）。

図 2-15　コピー開始

その状態でマウスの左ボタンを押し，押したままコピーしたい方向へ動かす（図 2-15）。

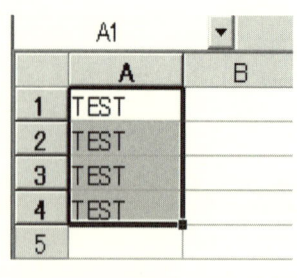

図2-16 コピーしたところ

　目的の部分を枠が覆った状態にしてマウスのボタンを放すとコピーが完了する（図2-16）。

　移動する場合には，選択した部分を囲む枠の，右下の小さな四角以外のところにマウスカーソルをあてて左ボタンを押すと，図のような枠が現れて移動する。この枠を目的の位置まで動かしマウスのボタンを放すと，移動が完了する（図2-17・18）。

このあたりにマウスのカーソルをあてる。左ボタンを押して移動

図2-17　マウスで目的の場所へ移動

図2-18 移動の完了

セル，行，列，シートの選択：「ハイライトさせる」と言うこともある。

ひとつのセルを選択する場合は，セルの上にマウスポインタを重ね左クリックする。これでそのセルが選択される（図2-19）。

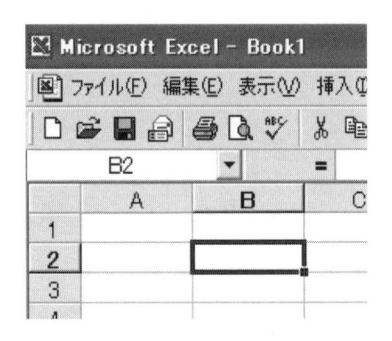

図2-19 セルB2が選択されている

複数のセルを選択する場合は，始点のセルをクリックして押したまま終点までドラッグする（図2-20）。

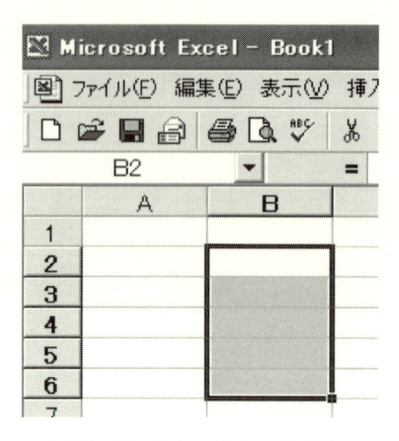

図2-20　B2〜B6を選択中

行を選択する場合は，灰色になっている一番左の行番号部分，列を選択する場合は，一番上の列記号の部分に同様の操作をする（図2-21・22）。

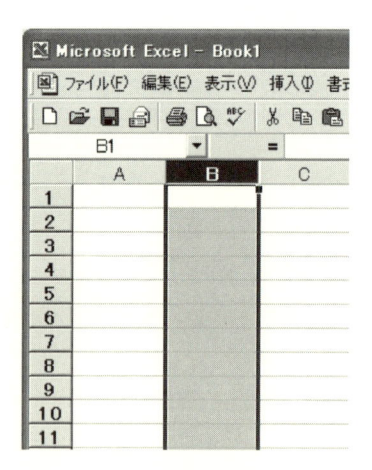

図2-21　列Bを選択中

図2-22　行2を選択中

シート全体を選択するには，行番号と列記号の交わった部分をクリックするとよい（図2-23）。

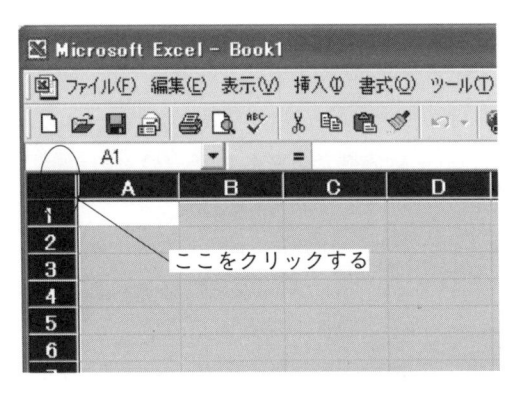

図2-23　シート全体を選択中

現在編集しているものと違ったシートを選択する場合は，一番下にあるシートのタブをクリックする（図2-24）。

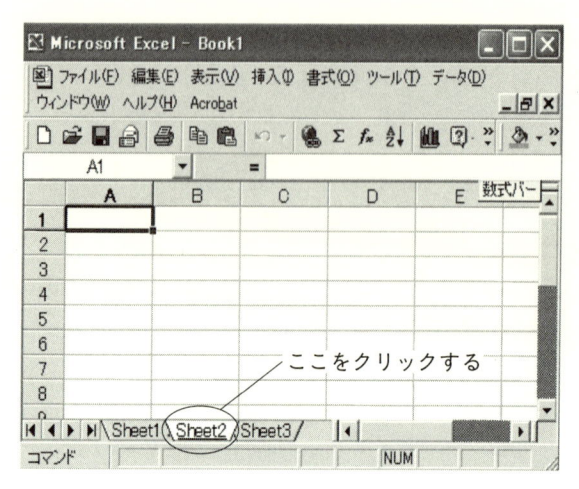

図 2-24　シート 2 を選択中

　セル,行,列,シートの挿入：挿入したいセル,列,または行（いくつでもよい）を選択（ハイライト）し,右クリックメニューまたは挿入メニューから「挿入」を選ぶ。すると選択されたセルの数,列・行の数だけ新しい空白のものが挿入される。シートの場合は「挿入メニュー」から行う。

　セル,行,列,シートの削除：挿入したいセル,列,または行（いくつでもよい）をハイライトし,右クリックメニューまたは「編集メニュー」から「削除」を選ぶ。

　ウィザード：グラフの作成や分析ツール,関数の挿入などを使用する際にシートとは違う画面が現れ,操作すべき事柄を案内してくれる。これを「ウィザード」という。指示に従っていくと目的の操作が達成される。

4-2 並べ替え（ソート）

(1) 並べ替え

数値を「昇順」あるいは「降順」に並べ替える操作はよく行われるので，ここでよく慣れていただきたい。

図2-25は，1番から10番の生徒が10点から100点まで取ったという形のサンプルである。1番左が元のデータ，真ん中が「昇順」，右端が「降順」に並べ替えたものである。

操作は並べ替えのキーとなる数値，あるいは文字の先頭を選択し（この場合はそれぞれB2，E2，H2のセル），「昇順」の場合↓ボタン，「降順」の場合は↓ボタンをクリックするだけである。Excelが範囲を自動的に判断し，並べ替えを行う。範囲などが適切でない場合は，「データ」の「並べ替え」を選び，範囲，条件などを細かく指定する。

	A	B	C	D	E	F	G	H
1	番号	得点	↓	番号	得点	↓	番号	得点
2	1	60		4	10		9	100
3	2	30		8	20		7	90
4	3	80		2	30		3	80
5	4	10		6	40		5	70
6	5	70		10	50		1	60
7	6	40		1	60		10	50
8	7	90		5	70		6	40
9	8	20		3	80		2	30
10	9	100		7	90		8	20
11	10	50		9	100		4	10

図2-25　並べ替え（ソート）

(2) 「データ」の「並べ替え」を使う

もう少し複雑な表の並べ替えをしてみよう。

表2-1はTOEFLの受験者の国別の平均点を示すものである。

	A	B	C	D	E	F	G
1	Country	Num Pat	Mean	Order	Pat Order	Population	Pat/pop
2	Germany	10,659	249	9	4	81,088,000	0.0131%
3	India	7,480	243	12	10	919,903,000	0.0008%
4	Philippines	7,461	234	33	11	69,809,000	0.0107%
5	Mexico	6,495	228	48	12	92,202,000	0.0070%
6	Colombia	5,184	223	57	15	35,578,000	0.0146%
7	Brazil	8,880	223	57	7	158,739,000	0.0056%
8	Italy	6,085	220	68	13	58,138,000	0.0105%
9	Turkey	8,781	213	85	8	62,154,000	0.0141%
10	China, People's Republic of	10,961	211	89	3	1,190,431,000	0.0009%
11	Hong Kong	5,552	205	106	14	5,841,000	0.0951%
12	Indonesia	7,956	203	110	9	200,410,000	0.0040%
13	Korea (ROK)	14,862	198	120	2	45,083,000	0.0330%
14	Taiwan	10,071	194	126	5	21,299,000	0.0473%
15	Japan	20,554	188	134	1	125,107,000	0.0164%

表2-1　TOEFL受験者の国別平均点

Num of Pat: 受験者数／Mean: 平均／Order: 平均の序列／Pat Order: 受験者数の序列／Population: 国の総人口／Pat/pop: 受験者数／国の総人口

「日本のTOEFL受験者の成績は最低の部類に属するので…」とよく言われている。それはこのような数値をもとに語られているわけであるが，その場合，この表のE，F，G列のデータを考慮しないで言われることが多い。

さて，日本人の成績は，確かにここにあがっている国の中では下位であり，全体を見渡しても日本の下には何か国かが並ぶのみである。しかし，それが本当に日本人の英語の力をあらわしているのだろうか。本章4-3の「平均点」の項でも詳しく述べるが，ここに出てきているのはあくまでも受験者の平均点であり，実際の日本人の英語力ではないのである。このような誤解を解消するために，いくつかの並べ替えをしてみるとよい。

(3) 並べ替えの実際

元の**表2-1**は平均点を「降順」に並べたものになっている。確かに日本は最下位である。

では,受験者の数を基準に並べ替えをしてみよう。B2にカーソルを置き,選択する(**表2-2**)。

	A	B	C	D
1	Country	Num Pat	Mean	Order
2	Germany	10,659	249	9
3	India	7,480	243	12
4	Philippines	7,461	234	33
5	Mexico	6,495	228	48
7	Colombia	5,184	223	57
8	Brazil	8,880	223	57
9	Italy	6,085	220	68
10	Turkey	8,781	213	85
11	China, People's Republic of	10,961	211	89
12	Hong Kong	5,552	205	106
13	Indonesia	7,956	203	110
14	Korea (ROK)	14,862	198	120
15	Taiwan	10,071	194	126
16	Japan	20,554	188	134

表2-2 受験者の数を基準に「並べ替え」を開始

次に「データ」の「並べ替え」を選択する(図2-26)。

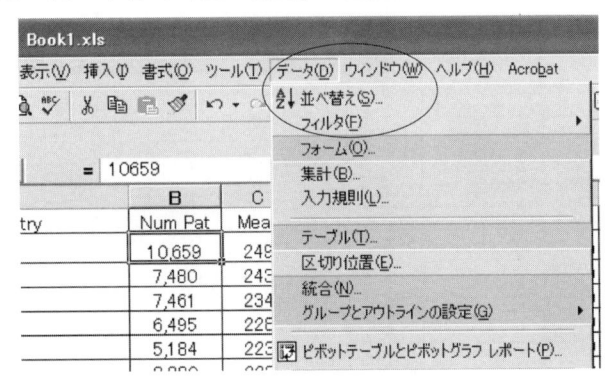

図2-26 「データ」の「並べ替え」を選択

「並べ替え」のダイアログボックスで最優先されるキーを Num Pat とし，多い方から並べ替えたいので「降順」を選ぶ。一番上のタイトル行は並べ替えに含めないので，範囲の先頭行はタイトル行を選択する。OK をクリックすると次の結果を得る（表 2-3）。

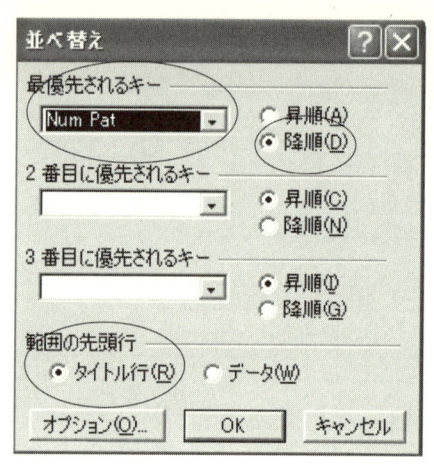

図 2-27　「並べ替え」のダイアログボックス

	A	B	C	D	E	F	G
1	Country	Num Pat	Mean	Order	Pat Order	Population	Pat/pop
2	Japan	20,554	188	134	1	125,107,000	0.0164%
3	Korea (ROK)	14,862	198	120	2	45,083,000	0.0330%
4	China, People's Republic of	10,961	211	89	3	1,190,431,000	0.0009%
6	Germany	10,659	249	9	4	81,088,000	0.0131%
7	Taiwan	10,071	194	126	5	21,299,000	0.0473%
8	Brazil	8,880	223	57	7	158,739,000	0.0056%
9	Turkey	8,781	213	85	8	62,154,000	0.0141%
10	Indonesia	7,956	203	110	9	200,410,000	0.0040%
11	India	7,480	243	12	10	919,903,000	0.0008%
12	Philippines	7,461	234	33	11	69,809,000	0.0107%
13	Mexico	6,495	228	48	12	92,202,000	0.0070%
14	Italy	6,085	220	68	13	58,138,000	0.0105%
15	Hong Kong	5,552	205	106	14	5,841,000	0.0951%
16	Colombia	5,184	223	57	15	35,578,000	0.0146%

表 2-3　「並べ替え」完了

日本の受験者数はなんと一番多いのである。ここで総人口数をみてみよう。F列である。これでは比較がしづらいので，G列に「受験者÷総人口＝受験率」を計算する。これで全人口のどのくらいの割合の人が受験しているかがわかる。

　この受験比率を元に並べ替えを行ったものが次の**表2-4**である。果たして日本人の英語力は世界最低水準なのであろうか。お考えいただきたい。西欧諸国，アジアという観点からも考察してみるべきである。ちなみに，後述の相関を使ってこの受験比率と平均点を分析してみると負の相関を示すのであるが，このことがどのような意味を持つか考えてみるとおもしろい。

	A	B	C	D	E	F	G
1	Country	Num Pat	Mean	Order	Pat Order	Population	Pat/pop
2	Hong Kong	5,552	205	106	14	5,841,000	0.0951%
3	Taiwan	10,071	194	126	5	21,299,000	0.0473%
4	Korea (ROK)	14,862	198	120	2	45,083,000	0.0330%
5	Japan	20,554	188	134	1	125,107,000	0.0164%
6	Colombia	5,184	223	57	15	35,578,000	0.0146%
7	Turkey	8,781	213	85	8	62,154,000	0.0141%
8	Germany	10,659	249	9	4	81,088,000	0.0131%
9	Philippines	7,461	234	33	11	69,809,000	0.0107%
10	Italy	6,085	220	68	13	58,138,000	0.0105%
11	Mexico	6,495	228	48	12	92,202,000	0.0070%
12	Brazil	8,880	223	57	7	158,739,000	0.0056%
13	Indonesia	7,956	203	110	9	200,410,000	0.0040%
14	China, People's Republic of	10,961	211	89	3	1,190,431,000	0.0009%
15	India	7,480	243	12	10	919,903,000	0.0008%

表2-4　受験比率による並べ替え

4-3　合計点，平均点，標準偏差などの求め方

　セルに数式を代入して計算する方法とメニューバーの「ツール」から「分析ツール」を選んで用いる方法がある。

　前者は，対象となる数値を変えると合計や平均が再計算（数字が入力されると同時にExcelが計算をし直し，表示を変える）され，動的に変化が観察されるのでシミュレーションなどを行う

のに適している。

後者は「分析ツール」の「基本統計量」を選んで計算する。これは対象となる数値が変化しても再計算されないので、操作をはじめからやり直さないと変化したデータに基づいた計算値は得られない。合計点、平均点を求めてから標準偏差を計算する方法は後述の（「偏差値の算出」, p.123）を参照していただきたい。

(1) 合計点

得点の入っている列あるいは行の合計点を算出したいときには、その列か行の末尾の次のセル（次例ではB12のセル）を選択し、「ツールバー」にあるΣのボタンを押す。すると計算に使われる数値の範囲が自動的に波線で囲まれるので、その範囲でよければ【Enter】キーを押せばよい。範囲が不適切な時はマウスのカーソルを操作し、必要な範囲の先頭から末尾までを選択して指定する。

	A	B	C
1	番号	得点	
2	1	60	
3	2	30	
4	3	80	
5	4	10	
6	5	70	
7	6	40	
8	7	90	
9	8	20	
10	9	100	
11	10	50	
12		=SUM(B2:B11)	
13			

図2-28　計算範囲の選択

(2) 平均点

得点の入っている列あるいは行の平均点を算出したい場合は，その列か行の末尾の次のセルを選択し，ツールバーにある *fx* のボタンを押す。すると図2-29の「関数の貼り付け」のダイアログボックスが開く。左欄の「統計」をクリックすると，右欄に「関数名」が表示されるので，その中から「AVERAGE」を選択してOKすると，平均のダイアログボックスが開く（図2-30）。数値

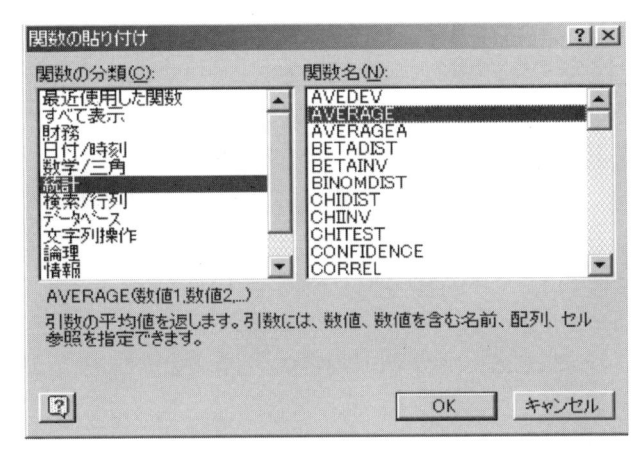

図2-29　関数の貼り付け

図2-30　平均のダイアログボックス

の欄に自動的に範囲が指定されるが，この範囲が適切ならばOKを押せば平均値が目的のセルに算出される。範囲が不適切な時は，マウスで必要な範囲の先頭から末尾までを選択して指定する。

(3) 分析ツール

このツールを使うと，複雑な統計や分析を簡単に実行できる。呼び出し方は「ツール」の「分析ツール」をクリックする。

ツールメニューに分析ツールが見つからない場合には組み込む必要がある。その方法は次の通りである。

ツールメニューの「アドイン」をクリックする。

「分析ツール」が「アドイン」ダイアログボックスの「アドイン」ボックスに表示されない場合は，「参照」をクリックし，「分析ツール」アドインが保存されているドライブとフォルダ，およびアドインのファイル名（Analys32.xll）を指定する。Analys32.xll は，通常，Office または Excel をセットアップしたフォルダの¥Library¥Analysis にある。「分析ツール」アドインが組み込まれていない場合は，Excel のセットアッププログラムをもう一度実行する。

「分析ツール」チェックボックスをオンにする。すると，ツールメニューに分析ツールが現れる。（p.100も参照）

これを用いて行うことのできる分析操作は，よく用いられる基本統計量，ヒストグラム，相関分析，t検定，z検定，F検定，などの他に共分散分析，乱数発生，順位と百分位数，回帰分析，サンプリング分析などがある。

次に「分析ツール」の練習として，ここでは**表2-5**のデータをもとに，基本統計量を算出してみよう。

「ツール」より「分析ツール」（図2-31），そして「基本統計

量」(図 2-32) を選択して OK をクリックする。

　入力範囲にデータの範囲を入力する。具体的には B2 を選択し，B26 までドラッグし選択すればよい。出力先にチェックを入れ，出力先の範囲を示すボックスをクリックし，カーソルの点滅を確認してから，表の右側の部分を横 2 セル，縦 15 セル程度（おおまかな範囲でよい）選択し，さらに「統計情報」(図 2-33) にチェックを入れる。OK すると**表 2-6** ができあがる。

	A	B
1	NO	得点
2	1	54
3	2	68
4	3	51
5	4	52
6	5	51
7	6	59
8	7	56
9	8	63
10	9	49
11	10	46
12	11	56
13	12	40
14	13	27
15	14	61
16	15	63
17	16	58
18	17	59
19	18	45
20	19	62
21	20	46
22	21	52
23	22	64
24	23	60
25	24	60
26	25	45

表 2-5

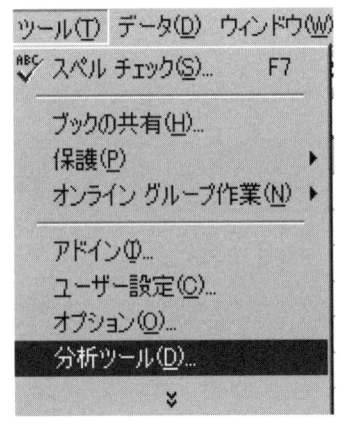

図 2-31 「ツール」より「分析ツール」を選択する

図2-32 「データ分析」のダイアログボックス

図2-33 「基本統計量」のダイアログボックス

D	E
列1	
平均	53.88
標準誤差	1.817800869
中央値（メジアン）	56
最頻値（モード）	51
標準偏差	9.089004346
分散	82.61
尖度	1.726504086
歪度	-1.059872388
範囲	41
最小	27
最大	68
合計	1347
標本数	25

表2-6　基本統計量の表

　この表（表2-6）の中にでてくる用語は第5章「平均点を上げたい」（p.70）に詳説してあるので参照願いたい。

　操作をしているあいだに疑問が生じた場合は，ヘルプを参照するとよい。わかりにくい用語がある場合はExcelの基本解説書が役に立つ。

　この基本をどのように組み立て，分析を行うかはアイディア次第である。どうすれば自分が求めている角度で情報を切り取ることができるかが統計の妙味である。

3 学年始めにやりたいこと
——到達度別のクラス編成をしたい

1 学力テストの結果の見方と利用の仕方

1-1 テストの目的

　一般に学力テストというと自分の作ったものではなく，いわゆる業者が作り，分析までしてくれるものを指すことが多い。たとえば進学目的の模擬テストや入学試験，また TOEIC のテストなども学力テストである。これらは，それぞれに特定の目的を持っている。たとえば，生徒の進歩の状況を知る，生徒を選別する，教授法や学習法の欠陥を知る，指導法の改善に役立つ情報を得る，教育方法，施設設備，授業の進め方などを評価する，標準学力との格差を知る，などがあげられよう。

　それぞれのテストは個々の目的に添った作り方，分析を行っている。しかし，ここでは自分で作るテストから得られたデータに関して，結果の見方，利用の仕方を考える。

1-2 得点データから得られる情報

　合計，最小，最大，平均，中央値，最頻値，標準偏差，分散，

尖度，歪度，分布範囲などの基本的な統計数値について各クラス，男女，指導者の違い，年度による違いなどによる比較を行うこともできよう。また，項目ごとの正答情報を得ることができるテストであれば正答率，弁別力指数，各選択枝の選択率なども算出できる。また，特殊なテスト分析用のソフトウェアを用いれば項目困難度も推定できる。

1-3　正しいデータを手に入れるためには

分析のもととなるデータが正確なものでなければ，分析も意味をなさない。次のことに留意したい。

1. **テスト問題は出題の狙いをはっきりとしたものにし，何を問うているのか明確にする。**

実力テストなのか期末の授業の効果を確かめるテストか，で問題の内容が変わる。またリスニングかリーディングか文法の力を測定するのか，などでも問題は変わる。

2. **問題の内容は問題の目的とする技能を的確に測定することができるようなものにする。**

よく取り上げられることであるが，発音のテストをペーパーテストで行うことの是非を考えてみるとよい。

3. **テスト終了後には分析を加え，問題項目の検討・修正を行い，問題を保存し使い回しのできる形にする。**

これは不適当な問題を排除した良い問題のみで評価を行うためである。そのためには得られた情報を付加した問題データベースを作るとよい。

2 テストの分析

2-1 クラス，男女，指導者などの違いによる比較

テストのデータを得た後，様々な角度から比較，分析を行いたいと考えることが多い。ここでは，動的に数字を動かしながら比較を行う方法を考えてみよう。

次ページの**表3-1**は20人男女混合クラス1組と2組でテストを行った場合の得点表である。各データには，クラス別，男女別，担当教師別の属性が付いている。ここでそれぞれの属性別に平均点を算出する。

平均点を算出する欄は E43 と E44 である。E43 には上から20番目までの，E44 には21番目から40番目の平均が入るように式が入力してある。

具体的には，

E43　＝AVERAGE(G2：G21)

E44　＝AVERAGE(G22：G41)

となっている。

この式を挿入するには E43 を選択し，*fx* ボタンをクリックして出てきた「関数の貼り付け」のダイアログボックスで「統計」の「AVERAGE」を選択し，OK をクリックする（図3-1）。

「AVERAGE」のダイアログボックスで，数値1に G2〜G21 を選択する。具体的には数値1の入力欄をマウスで1回クリックし，カーソルがそこで点滅するのを確認してから，表の G2 をマウスでクリックし，ボタンを押したまま G21 まで選択し反転させる。すると入力欄に G2：G21 と値が入力される（図3-2）。E44 でも同様の操作をするが，今度の範囲は G22〜G41 となる。

	A	B	C	D	E	F	G
1	CODE	クラス	番号	名前	担任	性別	得点
2	3106	1	6	伊藤	川口	男	78
3	3107	1	7	井上	川口	男	49
4	3108	1	8	井上	川口	男	83
5	3109	1	9	臼井	川口	男	45
6	3110	1	10	越智	川口	男	60
7	3111	1	11	遠藤	川口	男	63
8	3112	1	12	奥田	川口	女	39
9	3113	1	13	横田	川口	女	63
10	3114	1	14	岡	川口	女	49
11	3115	1	15	岡元	川口	女	55
12	3206	2	6	吉原	川口	男	63
13	3207	2	7	吉田	川口	男	63
14	3208	2	8	吉本	川口	男	87
15	3209	2	9	吉澤	川口	男	86
16	3210	2	10	橘田	川口	女	66
17	3211	2	11	久保	川口	女	53
18	3212	2	12	宮野	川口	女	78
19	3213	2	13	橘本	川口	女	95
20	3214	2	14	金田	川口	女	69
21	3215	2	15	金子	川口	女	66
22	3101	1	1	井村	山川	男	85
23	3102	1	2	安藤	山川	男	90
24	3103	1	3	安倍	山川	男	89
25	3104	1	4	伊田	山川	男	96
26	3105	1	5	伊村	山川	男	90
27	3116	1	16	岡田	山川	女	60
28	3117	1	17	加藤	山川	女	60
29	3118	1	18	河原	山川	女	65
30	3119	1	19	河口	山川	女	36
31	3120	1	20	柿田	山川	女	41
32	3201	2	1	角山	山川	男	84
33	3202	2	2	関	山川	男	47
34	3203	2	3	関根	山川	男	71
35	3204	2	4	丸山	山川	男	70
36	3205	2	5	岩本	山川	男	88
37	3216	2	16	金川	山川	女	56
38	3217	2	17	金澤	山川	女	74
39	3218	2	18	原	山川	女	67
40	3219	2	19	神田	山川	女	76
41	3220	2	20	関口	山川	女	55
42							
43	1〜20	川口	男子	1組	65.5		
44	21〜40	山川	女子	2組	70.0		
45				差	(4.5)		

表3-1
1組と2組の
テスト結果

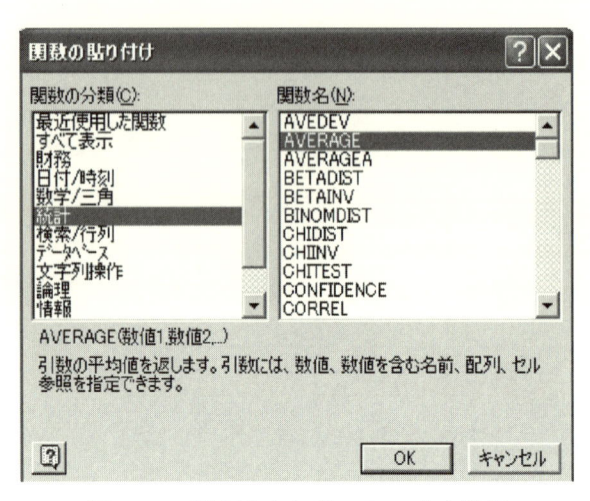

図3-1 「統計」から「AVERAGE」を選択

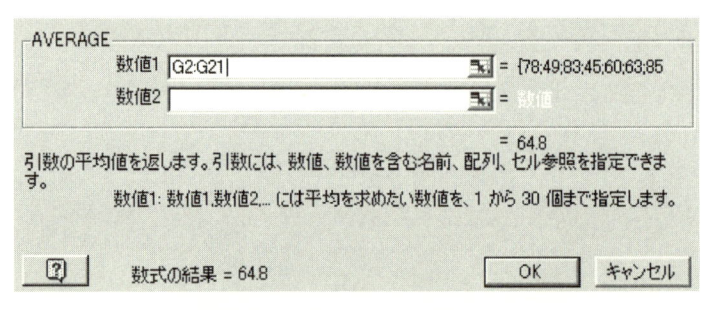

図3-2 G2～G21を選択する

(1) 平均の差を確かめる操作

クラス，担任，性別でどのように平均点が変化するのかを確かめてみよう。まずクラス別の平均の差を見る。クラスの項目の一番初めのデータのセル，すなわちB2をクリックして選択する。

次に ↓ のボタンをクリックしてみよう（図3-3）。するとク

ラスが並び替わり，クラスごとの平均がE43とE44のセルに現れる。

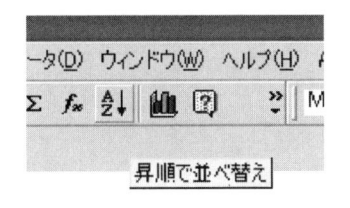

図3-3 「並べ替え」のボタン（マウスを近づけると説明が出る）

担任別の平均を見る場合は，担任の一番初めのデータセル，すなわちE2を選択し，同じく ↑ ボタンをクリックする。同様に，今度は担任別の平均がE43とE44のセルに現れる。性別の場合も同様に操作する。

なお，ここでは便宜上，クラス別，担任別，性別いずれの場合も，各10名になるようにデータを作成している。人数が異なる場合は，並べ替えたあと，再度AVERAGEで範囲を設定し直す必要がある。

(2) データメニューから並べ替えをする方法

ボタンを使わずに操作するには，データの範囲A2からG41を選択し，「データ」から「並べ替え」を選ぶとダイアログボックスが開く。そこで平均を算出したい属性（クラス，担任，性別など）を選び，OKをクリックするという方法もある（図3-4・5）。

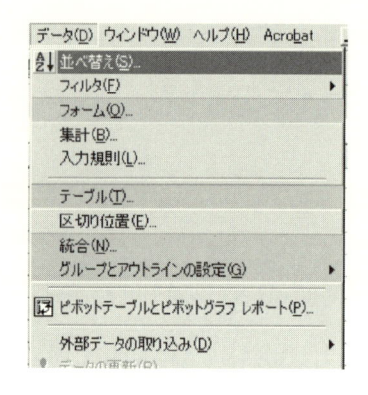

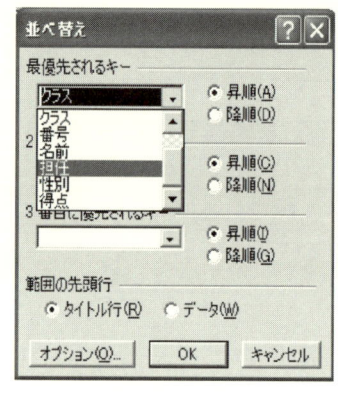

図3-4　　　　　　　　　　　　図3-5

(3) 差の検討

両者の平均の差をみるために，表3-1（p.39）のE45には式「＝＋E43－E44」が入力されており，両者の差が計算される。

実際の操作は，E45を選択して「＋」キーを押し（数式を入力するという意味），次にE43をクリックする。するとE45のセルに「＋E43」と表示されるので，続けて「－」キーを押し，E44をマウスでクリックする。そして【Enter】キーを押すとこの式が入力される。

このように，ソートを行うことで異なった側面からデータを観察することができる。得られたデータをさまざまな側面から見ることにより，クラス分けなどの方針を立てることができる。

2-2　正答率，各選択肢の選択率

次に，テストの正答率や各選択肢の選択率を分析する方法を考えてみよう。

次ページの表3-2は，30人の生徒に4選択肢を持つ10問のテ

	A	B	C	D	E	F	G	H	I	J	K
1		1	2	3	4	5	6	7	8	9	10
2	伊藤	3	1	4	4	2	2	2	1	3	3
3	井上	3	1	4	1	4	2	2	1	3	4
4	井井	3	1	2	4	3	2	2	1	3	4
5	臼井	2	1	2	4	2	2	2	1	3	4
6	越智	3	4	1	3	1	2	2	1	4	4
7	遠藤	2	1	1	4	2	2	2	1	3	4
8	奥田	3	1	2	3	1	2	2	1	3	4
9	横田	3	1	2	4	2	2	2	1	3	4
10	岡	3	3	1	4	2	2	3	1	3	4
11	岡元	1	1	2	3	2	2	2	1	4	4
12	吉原	3	1	2	4	3	2	2	1	3	4
13	吉田	3	1	2	4	3	2	2	1	2	4
14	吉本	3	1	2	4	3	2	2	1	3	4
15	吉澤	3	1	1	4		2	3	1	2	4
16	橘田	2	3	1	4	2	2	2	1	3	4
17	久保	3	1	4	2	3	2	2	1	3	4
18	宮野	3	4	3	4	1	2	3	3	2	4
19	橋本	3	1	1	4	3	2	2	1	3	4
20	金田	2	1	3	4	1	2	2	1	3	4
21	金子	3	2	3	4	2	2	2	1	3	4
22	井村	4	3	3	2	1	2	2	1	2	4
23	安藤	3	1	2	4	3	3	2	1	2	1
24	安倍	3	1	4	4	2	3	2	2	3	4
25	伊田	3	1	2	4	2	2	2	1	3	4
26	伊村	3	3	4	3	2	3	2	2	4	4
27	岡田	4	1	4	2	3	3	2	1	3	4
28	加藤	3	1	2	4	3	2	2	1	3	4
29	河原	3	1	1	4	3	2	2	1	1	4
30	河口	2	1	1	4	2	2	2	1	2	4
31	柿田	3	1	4	4	2	2	2	1	1	4
32											
33	正答数	22	1	7	22	13	4	27	27	19	28
34	正答率	73.3%	3%	23%	73%	43%	13%	90%	90%	63%	93%
35	選択1	1	23	8	1	5	0	0	27	2	1
36	%	3.3%	76.7%	26.7%	3.3%	16.7%	0.0%	0.0%	90.0%	6.7%	3.3%
37	選択2	5	1	11	3	13	26	27	2	6	0
38	%	16.7%	3.3%	36.7%	10.0%	43.3%	86.7%	90.0%	6.7%	20.0%	0.0%
39	選択3	22	4	4	4	10	4	3	1	19	1
40	%	73.3%	13.3%	13.3%	13.3%	33.3%	13.3%	10.0%	3.3%	63.3%	3.3%
41	選択4	2	2	7	22	1	0	0	0	3	28
42	%	6.7%	6.7%	23.3%	73.3%	3.3%	0.0%	0.0%	0.0%	10.0%	93.3%
43											
44	正答	1	2	3	4	5	6	7	8	9	10
45		3	2	4	4	2	3	2	1	3	4

表3-2　30人の生徒のテスト結果

ストを行った結果である。1行目は問題番号1〜10, A列は名前の欄となっている。これをもとに各問の正答率, 各選択肢の選択率を算出してみよう。

1. 正答を用意する。わかりやすいように問題番号とそれに対応する正答をA44〜K45の範囲に作成してある。
2. 正答数, 正答率, 選択数, 選択率の欄を用意する。1問目に対応するセルの各欄に入っている式は次のとおりである。

正答数 B33＝COUNTIF(B2:B31, B45)
(各生徒の解答データの範囲B2:B31の中から正答(B45に書き込んである)を探し, 数を数える)

正答率 B34＝＋B33/30
(正答の数を全生徒数で割る)

選択1 B35＝COUNTIF(B$2:B$31, 1)
(選択肢1を選んだものを数える)

％ B36＝＋B35/30
(選択肢1を選んだものの数を全生徒数で割る)

選択2 B37＝COUNTIF(B$2:B$31, 2)
％ B38＝＋B37/30
選択3 B39＝COUNTIF(B$2:B$31, 3)
％ B40＝＋B39/30
選択4 B41＝COUNTIF(B$2:B$31, 4)
％ B42＝＋B41/30

B33に式を入力するには fx のボタンをクリックして「統計」,「COUNTIF」を選び(図3-6), データ範囲をB2からB31とする(実際にはマウスでB2をクリックし, B31までドラッグする)。次に「検索条件」には正答の入っているセル, すなわち, 問題1番

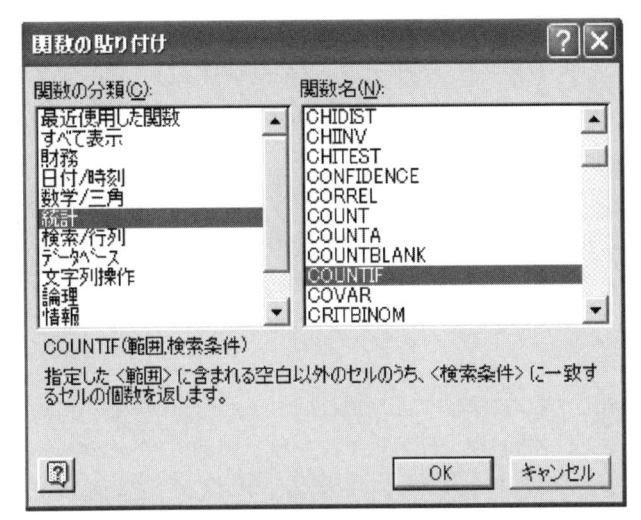

図 3-6　fx から「統計」,「COUNTIF」を選択

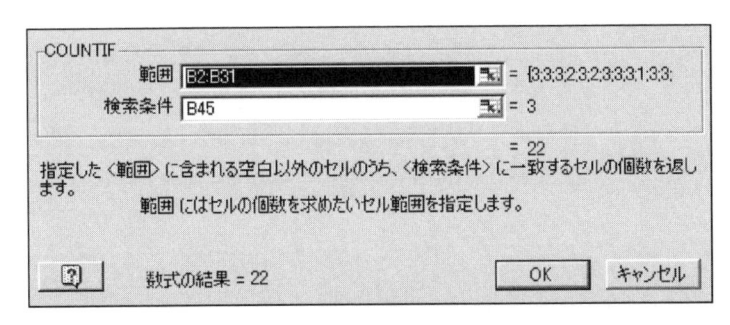

図 3-7　「検索条件」の指定

の場合は B45 を指定する（図 3-7）。

　選択 1 の場合，範囲 B2～B31 の選択が終わり，ダイアログボックス内の範囲の欄に B2：B31 と表示されたときに，行番号（この場合，B2 の B は列を表わし，2 が行の番号）の前に＄マー

クをつけておく。すなわち B$2:B$31としておく。これは選択1の部分の式を後でコピーするとき，手間を省くためである。こうしておくと，選択1の式「＝COUNTIF（B$2:B$31,1)」を選択2，3，4のセルにコピーしても，＄のあとの行数字は変化しないので，検索条件の部分の1を2，3，4と変えれば式が設定され，fxボタンからの手順を何回も繰り返さなくてもすむ。

　パーセンテージのセルは，選択数を全データ数の30で割っている。さらにパーセント表示にするために「％」ボタンを押し，表示形式を変えておく。

　これらを右へ10問分コピーすればよい。実際の操作はB33～B42を選択し，範囲が反転したところでマウスボタンを右クリックし，出てきたメニューからコピーを選ぶ。次にC33～K42を選択し右クリック，出てきたメニューから「貼り付け」を選ぶ。

　次のような方法もある。B33～B42を選択したところで，選択した範囲の右下隅に白い小さな四角が見える。これにマウスカーソルを近づけるとカーソルの形が＋に変わる。その状態でマウスの左ボタンを押し，そのままK42の位置までドラッグする（引っ張って伸ばす）。この方法でもコピーができる。

(1) グラフ表示

　正答率，選択率などこのままでは感覚的に理解しにくい場合にはグラフ表示を行うとよい。まず問題番号と正答率の行だけを表示するよう，ほかの行をすべて非表示にする（**表3-2**）。(非表示にする方法については，p.63参照)

	A	B	C	D	E	F	G	H	I	J	K
1		1	2	3	4	5	6	7	8	9	10
34	正答率	73.3%	3%	23%	73%	43%	13%	90%	90%	63%	93%

表3-2　正答率だけを表示

A1～K34を選択し,グラフボタンの ▦ をクリックする。その中の「棒グラフ」を選択し(図3-8),完了をクリックするとグラフが表示される(図3-9)。

図3-8 「棒グラフ」を選択

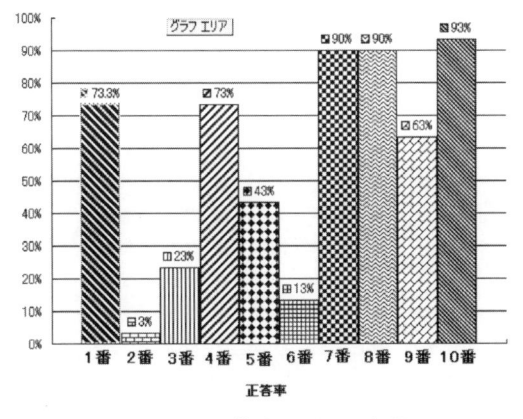

図3-9 正答率のグラフ表示

第3章 学年始めにやりたいこと —— 47

(2) 選択率のグラフ表示

選択率の場合には，表3-3のように問題番号と選択率の部分を表示させ，グラフボタンから，「円グラフ」を選び，範囲などを設定する。得られたグラフは図3-10のようになる。ここでは1番と2番の問題について作成してある。円グラフでは選択率が一目瞭然となり，見やすい。

	A	B	C	D	E	F	G	H	I	J	K
1		1	2	3	4	5	6	7	8	9	10
36	%	3.3%	76.7%	26.7%	3.3%	16.7%	0.0%	0.0%	90.0%	6.7%	3.3%
38	%	16.7%	3.3%	36.7%	10.0%	43.3%	86.7%	90.0%	6.7%	20.0%	0.0%
40	%	73.3%	13.3%	13.3%	13.3%	33.3%	13.3%	10.0%	3.3%	63.3%	3.3%
42	%	6.7%	6.7%	23.3%	73.3%	3.3%	0.0%	0.0%	0.0%	10.0%	93.3%

表3-3 選択率を表示

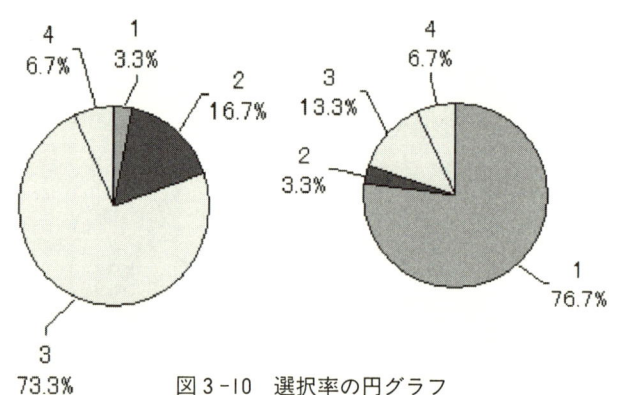

図3-10 選択率の円グラフ

(3) 弁別力指数の求め方

弁別力指数とは，上位群と下位群との正答数の差を百分率で表わしたものである。問題項目の妥当性を測るひとつの指標となる。算出方法は次のようになる。

1. 得点により並べ替え（ソート）をする。
2. 上位3分の1を上位群に，下位から3分の1を下位群とする。
3. 各項目に関して，上位群，下位群の正答者数を求め，次の公式に代入する。

$$弁別力指数(D) = \frac{U-L}{N}$$

D は弁別力指数，U は上位群正答者数，L は下位群正答者数，N は各群の受験者数を表わす。

弁別力指数は小数で表わされ，−1.00から+1.00までの数値をとる。

次に，弁別力指数を算出する具体的な方法を述べる。算出する基礎となるのはテストの解答状況である。

次ページの**表3-4**には50問のテスト問題の解答状況が30人分示されている。便宜上，中程の10人分と問題の6番から44番は非表示にしてある。

まずAZ3のセルを選択し，Σボタンを押して範囲を指定する。すると，AZ3のセルに式「=SUM(B3:AY3)」が入力される。これを，縦にAZ32までコピーすることによって，以下のAZ4～AZ32の合計の欄に同様の式が入力される。こうして，この欄には解答者の正解の合計が算出される。

この表の合計を「並べ替え」のキーで並べ替えると次ページの**表3-5**が得られる。解答者が上位から下位へと並び替わっている（ここでは「降順で並べ替え」を選択している）ことが確認できるだろう。

	A	B	C	D	E	F	AT	AU	AV	AW	AX	AY	AZ
1							問題番号						
2	解答者番号	1	2	3	4	5	45	46	47	48	49	50	合計
3	1	1	1	0	1	0	1	1	0	0	0	1	38
4	2	1	1	0	1	0	1	0	0	0	0	1	26
5	3	1	1	0	1	0	1	1	1	0	0	1	31
6	4	1	1	1	1	0	1	0	0	0	1	0	30
7	5	1	1	1	0	0	1	0	0	0	0	1	23
8	6	1	1	1	1	1	1	1	1	0	0	0	37
9	7	1	0	1	1	0	1	0	0	0	0	1	40
10	8	1	1	1	1	0	1	1	0	0	1	1	40
11	9	0	0	0	0	0	1	1	0	0	1	0	32
12	10	1	1	0	1	0	1	1	0	0	0	1	33
23	21	1	0	0	1	0	0	0	1	0	0	0	15
24	22	1	0	0	1	0	0	0	1	0	1	0	16
25	23	1	1	0	1	0	1	0	0	0	1	0	29
26	24	0	1	0	1	0	1	0	1	0	1	0	23
27	25	1	0	0	1	0	1	0	0	1	0	0	24
28	26	0	1	1	1	1	1	0	0	0	1	1	31
29	27	1	1	1	1	0	1	1	1	0	0	0	33
30	28	1	1	0	1	0	1	1	0	1	0	0	34
31	29	0	1	0	1	0	1	0	0	1	1	0	26
32	30	1	1	1	1	1	1	0	1	0	1	1	35

表3-4　解答者の正解の合計を算出する（AZ列）

	A	B	C	D	E	F	AT	AU	AV	AW	AX	AY	AZ
1							問題番号						
2	解答者番号	1	2	3	4	5	45	46	47	48	49	50	合計
3	7	1	0	1	1	0	1	0	0	0	0	1	40
4	8	1	1	1	1	0	1	1	0	0	1	1	40
5	1	1	1	0	1	0	1	1	0	0	0	0	38
6	6	1	1	1	1	1	1	1	1	0	0	0	37
7	30	1	1	1	1	1	1	0	1	0	1	1	35
8	28	1	1	0	1	0	1	1	0	1	0	0	34
9	10	1	1	0	1	0	1	1	0	0	0	0	33
10	27	1	1	1	1	0	1	1	1	0	0	0	33
11	9	0	0	0	0	0	1	1	0	0	1	0	32
12	3	1	1	0	1	0	1	1	1	0	0	1	31
23	26	0	1	1	1	1	1	0	0	0	1	1	31
24	4	1	1	1	1	0	1	0	0	0	1	0	30
25	23	1	1	0	1	0	1	0	0	0	1	0	29
26	2	1	1	0	1	0	1	0	0	0	0	1	26
27	29	0	1	0	1	0	1	0	0	1	1	0	26
28	25	1	0	0	1	0	1	0	0	1	0	0	24
29	5	1	1	1	0	0	1	0	0	0	0	1	23
30	24	0	1	0	1	0	1	0	1	0	1	0	23
31	22	1	0	0	1	0	0	0	1	0	1	0	16
32	21	1	0	0	1	0	0	0	1	0	0	0	15

表3-5　「降順で並べ替え」

次に上位と下位の正答数をカウントする。合計の右にカウント用の表（**表3-6**）を作る。見出しの行に1から50と入れる（これはBA2に1を入れ，このセルを含んで右へ50セルを選択し，メニューバーの「編集」から「フィル」，「連続データ」順にクリックして作成する）。

次にBA列の上位者の最終行に1問目の上位者の正答数を算出する式を入力する。1番の問題の上位者の正答数を計算するセル（BA12）を選択し，fxボタンから「統計」，「COUNTIF」を選び，範囲に1問目上位のデータ範囲である，B3からB12を選択する。検索条件は1である（図3-11・12）。OKすると式が入力される。このセルを右へ50問分コピーする（BA12〜CX12）。同様に下位の正答数についても処理する（BA32〜CX32）。

これで上位者と下位者の1番から50番の正解数が算出された。

AZ	BA	BB	BC	BD	BE	CS	CT	CU	CV	CW	CX	CY
合計	1	2	3	4	5	45	46	47	48	49	50	
40												
40												
38												
37												
35												
34												
33												
33												
32												
31	9	8	5	9	2	10	8	4	1	3	5	上位正答数
31												
30												
29												
26												
26												
24												
23												
23												
16												
15	7	7	3	9	1	8	0	3	2	6	4	下位正答数
U−L	2	1	2	0	1	2	8	1	−1	−3	1	
N	10	10	10	10	10	10	10	10	10	10	10	
D	0.20	0.10	0.20	0.00	0.10	0.20	0.80	0.10	−0.10	−0.30	0.10	弁別力指数

表3-6　正答数カウント用の表

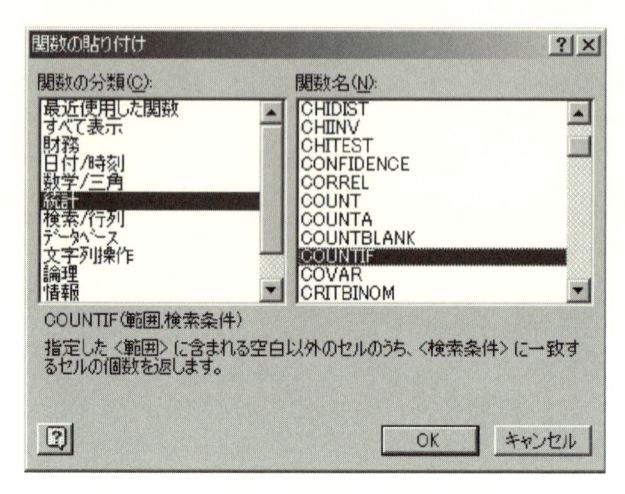

図 3-11　上位者の正答数を算出する式を入力

図 3-12　データ範囲，検索条件の入力

$U-L$ の行は上位者の正答数から下位者の正答数を引いたものである（1番の問題の $U-L$ が計算されるセルである BA33 に入る式は，「＝BA12－BA32」である。これも50問分右へコピーする）。N はすべて10である。

　D の弁別力指数には $(U-L)\div N$ を計算する式，つまり，問題1の弁別力指数が入るセル BA35 の場合は，「＝BA33/BA34」が入っている（コンピュータ上では"÷"の記号は"/"を用い，"×"は"＊"を用いる）。このセルも右へ50問分コピーする（表3-7）。

AZ	BA	BB	BC	BD	BE	CS	CT	CU	CV	CW	CX	CY
合計	1	2	3	4	5	45	46	47	48	49	50	
40												
40												
38												
37												
35												
34												
33												
33												
32												
31	9	8	5	9	2	10	8	4	1	3	5	上位正答数
31												
30												
29												
26												
26												
24												
23												
23												
16												
15	7	7	3	9	1	8	0	3	2	6	4	下位正答数
U－L	2	1	2	0	1	2	8	1	-1	-3	1	
N	10	10	10	10	10	10	10	10	10	10	10	
D	0.20	0.10	0.20	0.00	0.10	0.20	0.80	0.10	-0.10	-0.30	0.10	弁別力指数

表3-7　セルのコピー

　さて算出された値を検討してみると，上位者の正答数が多い場合には正の数，下位者の正答数が多い場合には負の数になっていることがわかる。0に近いほど差がなく，弁別力がないことにな

る。しかし，下位者の方が正答を得やすい問題というのは不適切である。選択肢を含めて問題の検討が必要である，ということが判明する。

2-3 クラス分けの実際

20人の男女混合クラス2クラスを，
1. 成績を均等にする
2. 男女比を均等にする

という条件で，新しい2クラスに編成する操作を行ってみよう。

次ページの表3-8は項目としてCODE番号，クラス，出席番号，名前，性別，得点，新クラス，の項目を持っている。新クラスにはまだ値が入力されていない。

まず，「男女」を第1のソートキー，「成績」を第2キーとして並べ替えを行う。

すなわち，データ範囲A2からG41を選択し，「データ」から「並べ替え」をクリックして出てきたダイアログボックスのもっとも優先されるキーに「性別」，2番目に優先されるキーに「得点」を指定しOKをクリックする（図3-13・14）。

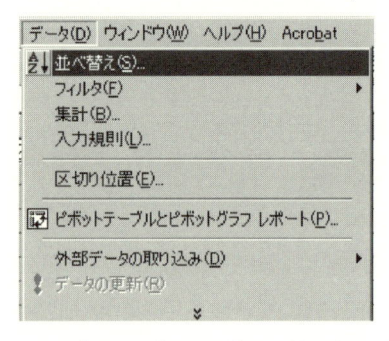

図3-13 「データ」から「並べ替え」を選択

	A	B	C	D	E	F	G
1	CODE	クラス	番号	名前	性別	得点	新クラス
2	3106	1	6	伊藤	男	78	
3	3107	1	7	井上	男	49	
4	3108	1	8	井上	男	83	
5	3109	1	9	臼井	男	45	
6	3110	1	10	越智	男	60	
7	3111	1	11	遠藤	男	63	
8	3112	1	12	奥田	女	39	
9	3113	1	13	横田	女	63	
10	3114	1	14	岡	女	49	
11	3115	1	15	岡元	女	55	
12	3206	2	6	吉原	男	63	
13	3207	2	7	吉田	男	63	
14	3208	2	8	吉本	男	87	
15	3209	2	9	吉澤	男	86	
16	3210	2	10	橘田	女	66	
17	3211	2	11	久保	女	53	
18	3212	2	12	宮野	女	78	
19	3213	2	13	橋本	女	95	
20	3214	2	14	金田	女	69	
21	3215	2	15	金子	女	66	
22	3101	1	1	井村	男	85	
23	3102	1	2	安藤	男	90	
24	3103	1	3	安倍	男	89	
25	3104	1	4	伊田	男	96	
26	3105	1	5	伊村	男	90	
27	3116	1	16	岡田	女	60	
28	3117	1	17	加藤	女	60	
29	3118	1	18	河原	女	65	
30	3119	1	19	河口	女	36	
31	3120	1	20	柿田	女	41	
32	3201	2	1	角山	男	84	
33	3202	2	2	関	男	47	
34	3203	2	3	関根	男	71	
35	3204	2	4	丸山	男	70	
36	3205	2	5	岩本	男	88	
37	3216	2	16	金川	女	56	
38	3217	2	17	金澤	女	74	
39	3218	2	18	原	女	67	
40	3219	2	19	神田	女	76	
41	3220	2	20	関口	女	55	

表3-8

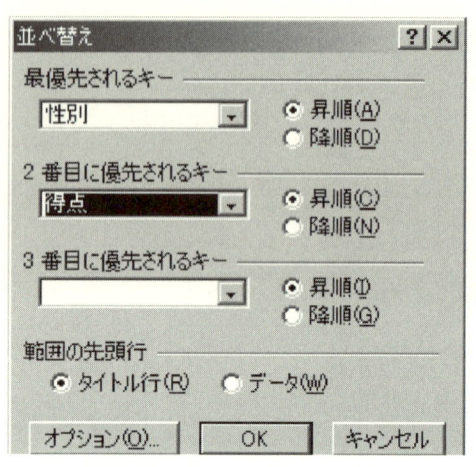

図 3-14　ソートキーの設定

　すると次ページ**表 3-9**のように男子の下位から上位へ，次に女子の下位から上位へとデータが並び替わる。

　ここで 2 クラスに分けるのだから新クラスの先頭のデータセル（G2, G3）に 1, 2 と入力し，この 2 つのセルをコピーして G4 以下最下行までコピーする（**表 3-10**）。これで事実上クラス替えは終了している。クラス別の表を得るために，今度は「新クラス」をキーとして並べ替えを行えば，新クラスの名表が完成する（**表 3-11**）。第 2 ソートキーに名前の読みをあてれば，五十音順に並んだ名表が得られる。

　成績，性別以外にも考慮することがある場合は，優先順位を決めてソートを行えばよい。同姓同名の問題，相性の問題などがある場合は，項目列を新たに立てて適宜コード，マークなどを与える。必要ならば手作業で行ごとコピーをして差し替えるとよい。また，男女の人数，クラス内の人数等の調整は適宜，行う必要がある。

E 性別	F 得点	G 新クラス
男	45	1
男	47	2
男	49	
男	60	
男	63	
男	63	
男	63	
男	70	
男	71	
男	78	
男	83	
男	84	
男	85	
男	86	
男	87	
男	88	
男	89	
男	90	
男	90	
男	96	
女	39	
女	36	
女	41	
女	49	
女	53	
女	55	
女	55	
女	56	
女	60	
女	60	
女	63	
女	65	
女	66	
女	66	
女	67	
女	69	
女	74	
女	76	
女	78	
女	95	

表3-9 クラス分け入力中

E 性別	F 得点	G 新クラス
男	45	1
男	47	2
男	49	1
男	60	2
男	63	1
男	63	2
男	63	1
男	70	2
男	71	1
男	78	2
男	83	1
男	84	2
男	85	1
男	86	2
男	87	1
男	88	2
男	89	1
男	90	2
男	90	1
男	96	2
女	39	1
女	36	2
女	41	1
女	49	2
女	53	1
女	55	2
女	55	1
女	56	2
女	60	1
女	60	2
女	63	1
女	65	2
女	66	1
女	66	2
女	67	1
女	69	2
女	74	1
女	76	2
女	78	1
女	95	2

表3-10 クラス別入力ずみ

E 性別	F 得点	G 新クラス
男	45	1
男	49	1
男	63	1
男	63	1
男	71	1
男	83	1
男	85	1
男	87	1
男	89	1
男	90	1
女	39	1
女	41	1
女	53	1
女	55	1
女	60	1
女	63	1
女	66	1
女	67	1
女	74	1
女	78	1
男	47	2
男	60	2
男	63	2
男	70	2
男	78	2
男	84	2
男	86	2
男	88	2
男	90	2
男	96	2
女	36	2
女	49	2
女	55	2
女	56	2
女	60	2
女	65	2
女	66	2
女	69	2
女	76	2
女	95	2

表3-11 新クラス

4 成績を能率的につけたい

1 平常点の記録

1-1 データ管理のコツ

 平常点を成績に組み入れることは，的確な評価をする際に重要なことである。定期テストでは十分に力を出せなくても，地道な努力を重ね，ノート，提出物などをこまめに出す生徒をきちんと評価してやらねば学習意欲を削ぐ結果となる。

 しかし，日常的に様々な業務をこなしながら細かい集計をとることは難しい。筆者は，出席番号と小テストの点数を打ち込んでいくことにより表を完成し，平常点を蓄積してゆくことのできるプログラムを作成し，利用している。

 ここでは，エクセルの表を用いてデータ管理を行う際に注意すべき点，表の例，実際に必要となるテクニックについて記すことにする。

1-2 注意点

 計画的に：何を平常点とするか，いつ，どのようにつけるか，

すなわち種類，回数，配点等を明確にし，計画的に行うことである。

方法と評価基準を統一すること：それぞれの平常点の項目について，具体的な基準を設けておくと評価の揺れなどが少なく，正確な評価ができる。特に複数の教員がひとつの学年を担当し，学年共通で評価基準が統一されているような場合は明確な文書化が必要となる。

また，点数化する時は，数字より記号を使ってランク化したほうが感覚的に楽で，能率的な場合もある。ランクも3段階（たとえばA，B，C）程度にとどめるほうがよい。

実際にはA，B，Cのランクの割合や評価基準は，問題やタスクの難易，目標の高低に応じて流動的になるが，各項目については評価の基準をどこかに書き留め，それを見ながら行う。また，いずれにせよ主観的な判断なので揺れは出てくる。その揺れに神経質になるよりもある程度の回数を行うことで，その揺れを補うことのほうが大切である。

1-3 得点表の作成——重み付けの工夫

Excelを用いると，1つの表にすべての平常点，定期テストの得点を書き込むことができる。学期末あるいはいくつかの項目がまとまった時点で重要度に応じて重み付け，あるいはランクの記号を点数に変換すればよい。全体を見渡し，生徒の解答状況，得点状況をみて妥当になるよう配点を決める。次ページの**表4-1**は得点表の項目の例である。

CODE，クラス，名前，1中，1中偏，1中欠，1期，1期偏，1平，1偏平，1態，1提，1計，1計偏，1欠，1時，1総，1評，提1，提2，テ1，テ計などの項目が見て取れる。必要に

	A	B	C	D	E	F	G	H	I	J	K	L	M	N	O	P	Q	R	S	AW	AX	CK	DA
1	CODE	クラス	名前	1中	1中偏	1中欠	1期	1期偏	1平	1偏平	1態	1提	1計	1計偏	1次	1時	1総	1評	提1	提2	デ1	デ計
2	1201	12	吉原	84	57.2	0	60	50.5	72	56	7	4	83	54.1	0	0	80.5	0	1	1	0	0
3	1202	12	吉田	88	60.8	0	70	61.1	79	62	8	6	93	62.9	0	0	88.3	0	1	1	0	0
4	1203	12	吉本	74	48.0	0	55	45.2	65	47	6	4	75	46.6	1	0	73.0	0	1	1	0	0
5	1204	12	吉澤	70	44.4	0	56	46.3	63	46	7	5	75	47.1	0	0	68.8	0	1	1	0	0
6	1205	12	橘田	78	51.7	0	66	56.9	72	49	2	5	74	46.2	0	0	81.3	0	0	0	0	0
7	1206	12	久保	72	46.2	0	62	52.6	67	48	7	4	78	49.7	0	0	73.2	0	1	1	0	0
8	1207	12	宮野	78	51.7	2	71	62.1	75	55	8	5	88	58.1	0	0	79.6	0	1	1	0	0
9	1208	12	橋本	90	62.6	1	71	62.1	81	63	8	4	93	62.5	0	0	89.5	0	1	0	0	0
10	1209	12	金子	64	38.9	0	46	35.7	55	39	5	5	65	38.2	2	0	63.4	0	1	1	0	0
11	1210	12	金子	78	51.7	0	56	46.3	67	51	7	5	79	50.6	2	0	74.8	0	1	0	0	0
12	1211	12	金川	88	60.8	0	62	52.6	75	59	7	5	87	57.7	1	0	81.4	0	1	1	0	0
13	1212	12	金澤	50	26.1	0	39	28.4	45	26	4	3	52	26.3	0	0	48.1	0	1	0	0	0
14			平均	76.2			59.5						平均	78.3									
15			標準偏	10.9			9.5						標準偏	11.3									

表 4-1 得点表 (CODE：生徒を特定するためのコード, クラス：クラス名, 名前, 1中：一学期中間テスト得点, 1中偏：一学期中間テスト偏差値, 1中欠：一学期中間時までの欠時, 1期：一学期期末テスト得点, 1期偏：一学期期末テスト偏差値, 1平：一学期中間, 期末得点平均, 1偏平：一学期中間, 期末偏差値平均, 1態：一学期態度点, 1提：一学期提出物, 1計：一学期得点合計, 1計偏：一学期得点合計偏差値, 1欠：一学期欠時合計, 1時：遅刻回数, 1総：一学期総合得点, 1評：一学期評価, 提1：提出物1, 提2, デ1：小テスト1, デ計：小テスト合計)

応じて項目は挿入すればよい。「提出2」以降にも40までのスペースが用意されているが非表示になっている。「テ2」以下「テ計」の間も非表示，他にも2，3学期に相当する部分は非表示になっている。項目名はわかる範囲で短くすると大きな表になっても見渡しやすい。

1-4 平常点の取り方

まず，採点を行い，データとしてそれを入力することである。従来のようにエンマ帳に書き込むのもよいが，それをコンピュータに入れ直すのは手間がかかる。平常点をとる場合など，昨今はノート型のものが手軽に使えるので，コンピュータを教室に持ち込んで直接入力するのも一方法である。

画面に Excel の名表を出し，同時に採点基準を表示して照らし合わせながら採点する。発音などの平常点のチェックは，手早くやれば5分で10人程度は評価できるので，40人クラスであれば4回で終えることができる。

表4-2は，CODE，クラス，氏名の名表に「本文の読み」のテスト評価欄（D列）を加えたところである。E列には換算のための式が入っており，Aは3点，Bは2点，Cは1点に換算している。評価A，B，Cが入力されると換算点も算出，表示される。評価基準も参照しやすいように同じ画面に表示している。

2 実際に用いるいくつかのテクニック

次に，このような表を扱うときに有用なテクニックをいくつか覚える必要がある。

	A	B	C	D	E	F	G
1	CODE	クラス	名前	本文読み1	本文読み1		
2	1201	12	吉原	A	3		
3	1202	12	吉田	B	2		
4	1203	12	吉本	C	1		
5	1204	12	吉澤	A	3		
6	1205	12	楠田	B	2		
7	1206	12	久保	C	1		
8	1207	12	宮野	A	3		
9	1208	12	橋本	B	2		
10	1209	12	金子	C	1		
11	1210	12	金子	A	3		
12	1211	12	金川				
13	1212	12	金澤				
14							
15	**評価基準**		A	発音に問題が無く、意味が伝わる読みである			
16			B	多少発音に難があるが努力の跡がみられる			
17			C	練習している様子が見られない			

表 4-2　評価画面の例

2-1　列，行の挿入

挿入したい列（1列でも何列でもよい），または行をハイライトし，右クリックメニューから「挿入」を選ぶ。

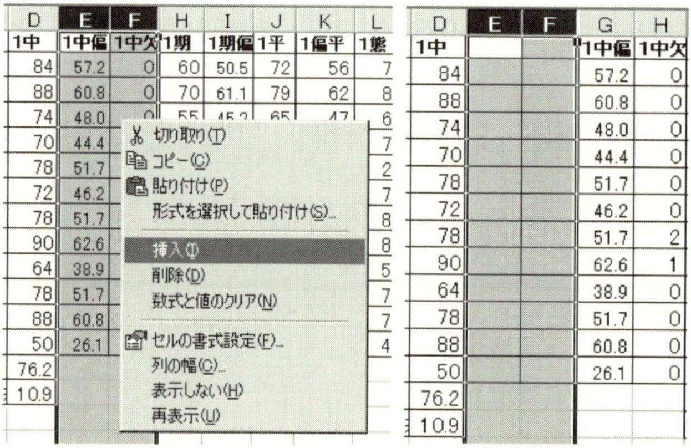

図 4-1　列の挿入

図4-1（左）は，E列とF列に新しい列を挿入するところである。EF列を選択し，右クリックメニューより「挿入」を選ぶと，図4-1の右図のように新しい列が挿入される。ここに新しい項目をたてて入力することができる。

2-2 列，行の非表示と再表示

(1) 非表示にする方法

平常点を取るときに，過去の点数が見えていると評価しにくいので，必要のない部分を非表示にすると作業がやりやすい。隠したい列や行をハイライト（選択）させ，選択した範囲にマウスカーソルを置き，右クリックメニューから「表示しない」を選ぶと非表示にすることができる（図4-2）。

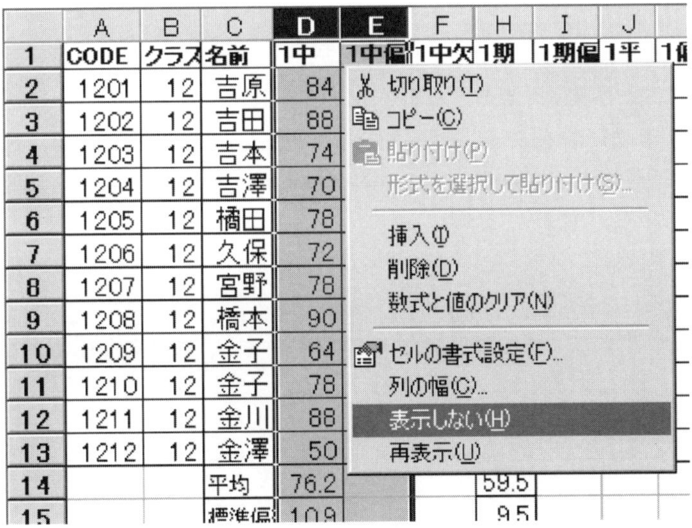

図4-2　列の非表示

次の図4-3は「非表示」になったところである。

	A	B	C	F	H
1	CODE	クラス	名前	1中欠	1期
2	1201	12	吉原	0	60
3	1202	12	吉田	0	70
4	1203	12	吉本	0	55
5	1204	12	吉澤	0	56
6	1205	12	橘田	0	66
7	1206	12	久保	0	62
8	1207	12	宮野	2	71
9	1208	12	橋本	1	71
10	1209	12	金子	0	46
11	1210	12	金子	0	56
12	1211	12	金川	0	62
13	1212	12	金澤	0	39
14			平均		59.5
15			標準偏差		9.5

図4-3　DE列が非表示になったところ

(2) **再表示させる方法**

非表示になっている行，列をまたがるように範囲指定をし，右クリックして現れるメニューより「再表示」を選択すると再表示される。

図4-3では，A，B，C列の次にF，H列がきているのが見て取れる。DE列が隠されているのである。

「再表示」させるときは，隠されているD，E列を含むように，C列からF列までを選択し，右クリックメニューより「再表示」を選択すれば，再び表示される。

3 重み付けと換算

3-1 重み付け

入力済みの点数に重み付けを行う，あるいはランクの記号を点数に読み替える方法を見てみよう。まず，入力された列の横の列に重みをつけた点数を挿入する。例えばA列のテストの点数は2倍，B列のテストの点数は半分にしたいとすると，A列の横に空の列を挿入し（列Bになる），その列に，「＝＋A2＊2」と入力する。もとのB列は自動的にC列になっているので，その横にまた空列を挿入する。これはD列になる。そこに，「＝＋C2＊0.5」，または，「＝＋C2/2」と書き込む。その後，それぞれのセルを一番下のデータのところまでコピーする。

もとの点数はもう処理に使わないのだが，消してしまうと換算したセルに数値が計算されないので注意が必要である。しかし，必要はないので非表示にしておくとよいだろう。

次に，表4-3で，1態（1学期態度点）列の右に，重み付け点を挿入する方法を，実際にやってみよう。

	A	B	C	D	E
1	CODE	クラス	名前	1態	1提
2	1201	12	吉原	7	4
3	1202	12	吉田	8	6
4	1203	12	吉本	6	4
5	1204	12	吉澤	7	5
6	1205	12	橘田	2	0
7	1206	12	久保	7	4
8	1207	12	宮野	8	5
9	1208	12	橋本	8	4
10	1209	12	金子	5	5
11	1210	12	金子	7	5
12	1211	12	金川	7	5
13	1212	12	金澤	4	3

表4-3

E列を選び，右クリックメニューより「挿入」を選び，空行を挿入する（図4-4）。

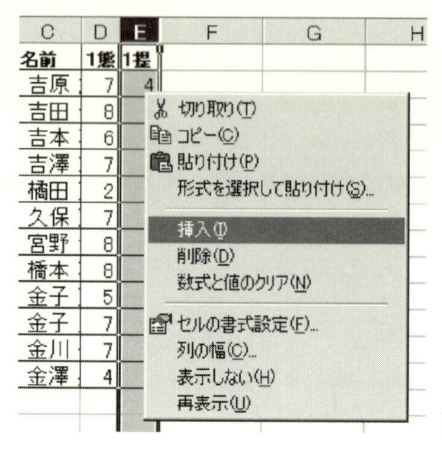

図4-4

E列に空行が挿入されたので，項目「1態」を先頭行に入力しておく（図4-5）。

図4-5

先頭のセル（E2）を選択し，「＋」を入力する（数式を入力することを明示，図4-6）。

図4-6

1態の評点（D2）のセルをクリックする。するとE2にD2が入力される（図4-7）。

	A	B	C	D	E	F
1	CODE	クラス	名前	1態	1態	1提
2	1201	12	吉原	7	=D2	
3	1202	12	吉田	8		6
4	1203	12	吉本	6		4

図4-7

続けて「＊2」と入力する（かけ算で，×2ということ，図4-8）。

	A	B	C	D	E	F
1	CODE	クラス	名前	1態	1態	1提
2	1201	12	吉原	7	=D2*2	
3	1202	12	吉田	8		6
4	1203	12	吉本	6		4

図4-8

すると式が入力され，値が表示される（図4-9）。

	A	B	C	D	E	F
1	CODE	クラス	名前	1態	1態	1提
2	1201	12	吉原	7	14	4
3	1202	12	吉田	8		6
4	1203	12	吉本	6		4

図4-9

E2のセルを一番下の行までコピーすれば，換算数値が入力される（図4-10）。

	A	B	C	D	E	F	G
1	CODE	クラス	名前	1態	1態	1提	1提
2	1201	12	吉原	7	14	4	
3	1202	12	吉田	8	16	6	
4	1203	12	吉本	6	12	4	
5	1204	12	吉澤	7	14	5	
6	1205	12	橘田	2	4	0	
7	1206	12	久保	7	14	4	
8	1207	12	宮野	8	16	5	
9	1208	12	橋本	8	16	4	
10	1209	12	金子	5	10	5	
11	1210	12	金子	7	14	5	
12	1211	12	金川	7	14	5	
13	1212	12	金澤	4	8	3	

図4-10

3-2 記号の換算

記号の入力された列の横の列に，記号を換算して点数を挿入することができる。ランクのA，B，Cを6，3，1に，あるいは逆に数値の範囲100〜70をA，69〜50をBなどのように換算を行うことが容易になるが，これにはIF関数（次ページ参照）を用いる。通常，IF関数を用いた式を隣の列に挿入する。

ここの例ではA，B，Cをそれぞれ3，2，1点と換算することにする。式は次のようである。

A列に記号が入っているとする。B列のB2に，
=IF(A2="A",3,IF(A2="B",2,IF(A2="C",1,)))
と入力し，これを下までコピーすれば出来上がりである。

この式の意味は，「もしA2の値がAならば3を，そうでなければA2がBであるかどうかを確かめ，値がBならば2を，そうでなければA2の値がCであるかどうかを確かめ，Cならば1を入力する」というものである。

	A	B
1	発音評価	発音評価点数換算
2	A	3
3	B	2
4	A	3
5	C	1
6	B	2
7	B	2
8	A	3
9	C	1

表4-4　IF関数による換算結果（B列）

複雑に感じられる場合はこのまま打ち込み，A，B，Cの部分とそれに相当する換算数字を変えればよい。

≪IF関数≫

一般的な書き方は次のようになる。

=IF（条件式，条件に合った場合の処理，条件に合わなかった場合の処理）　　　＊IFはifと書いても問題はない。

例えば次の**表4-5**で，B1に，**=if(A1>=50，"合格"，"不合格")**，B2に，**=if(A2>=50，"合格"，"不合格")** と入力されていたとする。

この意味は，A1に入っている数値が50点以上（>=50）の場合は合格，50未満なら不合格ということである。B2も同様の式が入っている。**表4-5**の場合，A1が50，A2が45だから，B1，B2にはそれぞれ「合格」，「不合格」と表示される。

実際にはB1に式を入力し下にコピーするだけで式は入力される。これで50以上のものには合格，50未満は不合格と表示できる。

	A	B
1	50	合格
2	45	不合格

表4-5

生徒個人の偏差値の変化については，第9章「成績が伸びているか否かを知りたい」を参照していただきたい。

5 平均点を上げたい

1 平均点のウソ──統計情報の意味

1-1 ウソ・その1──知らずにつくウソ(1)

≪AクラスとBクラスの模試の得点の平均値を比較し，平均値の高い方が能力がある≫と言えるか？

　まず，本当に2つのグループの平均値に違いがあると言えるのであろうか。値が同じであれば同じ，異なれば違うと考えるのがふつうの考え方だが，統計的な見方からすると数値が違っても必ずしも実際に違いがあるとは言えないことがある。その数値の違いはたまたま出てきたのか，本当に違うのかを検証する必要がある。言葉を換えれば，その違いは誤差の範囲にあるのか否かということである。この検証をするのが統計的検定である。2つの平均値の違いを検定する方法は t 検定，z 検定（詳しくは参考書を参照されたい）などが知られている。

　例えば，5クラスの英語の得点の平均が次のようになっているとする（表5-1）。平均点はすべて違っているので，高い方が良く，低い方が悪いと言ってよいのであろうか。統計的に検証してみると表5-2のようになり，5点程度では違いがあるとは言え

ず，8点ほどでやっと違いがあると言えることになる。

（この例ではD組が最低で53.6，E組が最高で67.9となっている。平均の差を取り，それぞれ t 検定を行ってみると得点差が8点であれば有意の差（0.01）があると言えるようである。）

2つの平均の差を検定する場合，t 値によってその平均の差が有意であるか否かを判断する。有意水準が0.01以下であると，まず差があると判断してよい。

さて，有意でない場合は誤差の範囲ということになる。ここで簡単に誤差について触れよう。物差しの目盛りと測定可能な値の範囲を考えてみるとよい。1cmの目盛りの物差しでは5cm，10cmという測定はできるが，5.5cmすなわち5cmと5mmという計測値は得ることができない。この物差しで5cmと測定された実際の長さは4cm以上6cm以下であり，もっと細かく言うと4.5cmから5.5cmの範囲に収まる。この範囲のことを誤差の範囲という。

クラス名	平均点	人数
A	56.4	36
B	59.4	37
C	53.7	33
D	53.6	36
E	67.9	37
F	55.4	37

表5-1

平均点				平均の差	t 値	自由度	有意確率（両側）
D	53.6	E	67.9	14.3	-3.909	69	0.000
E	67.9	B	59.4	8.5	-2.443	70	0.017
B	59.4	D	54.6	4.8	1.602	69	0.114
A	56.4	D	53.6	2.8	0.713	69	0.479

表5-2

この誤差の範囲は物差しの目盛りによって変化するように，測定手段，技術，推定の方法，によって変化する。これらを総合して得られた数値が信頼できるものか否か，すなわち誤差の範囲を越えているかどうかを検証するのが統計的検定である。

1-2 ウソ・その2 ── 知らずにつくウソ(2)

≪平均値が同じなので2つのグループは同じ≫と言えるか？

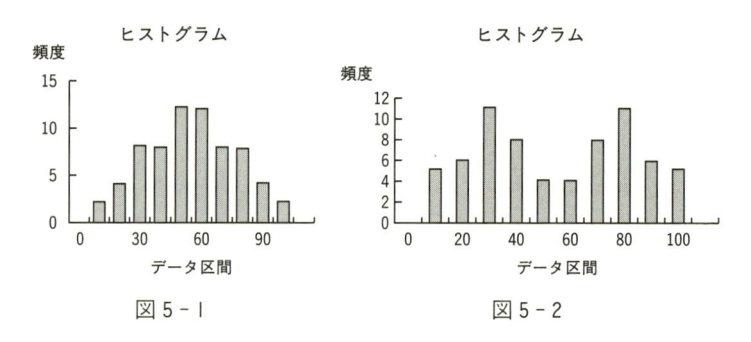

図 5-1

図 5-2

上記2つのグラフを検討してみよう。このグラフのもとになる2つのデータ群は同じ平均値52.5を持つ。しかし一見して分かるように，データの散らばりかたが異なる。あくまでも平均値がたまたま同じであっただけで，得点分布はまったく違うものと言えよう。

これが英語のテストを受けたある2クラスの得点だとすると，左側は成績上位者から下位者までなだらかなクラス，右側はできるものとできないものが分かれており，言ってみれば教えにくいクラスとなろう。

このように平均値が同じでも，もとになるデータはまったく異なることがある，ということを承知しておくことが必要である。

平均値 (mean) は**代表値** (measures of central value) の1つであって，データそのものではない。代表値は，**もとのデータに処理を加えることによりデータの一側面を抽出するもの**である。処理を加えることでもとのデータの情報の一部は失われている。人間はデータをそのまま数字として見ることができても，そのデータの概要を読みとることはできない。そこで情報量が減ることを承知でその情報を統計処理し，把握しやすい形にして判断する。しかし，ある1つの処理で得られた数値はそのデータの1つの側面しか表すことができないというジレンマがある。

したがって，もとのデータの特性を全体的に捉えるためには，各側面を表わす数値である各代表値を総合し理解する必要がある。

(1) 様々な代表値

代表値にはほかにも様々ある。中央値（メジアン），最頻値（モード），標準偏差，分散，尖度，歪度，範囲，最小値，最大値などである。（Excelを使って処理する方法は第2章「Excelの基本操作」の章を参照。）

それぞれを簡単に説明する。

中央値（メジアン：median）

分布の中心の位置を表わす値。n個の量を大きさの順に並べたとき，中央に位置する値。nが奇数ならば$(n+1)/2$番目の値，nが偶数ならば$n/2$番目と$n/2+1$番目の値の平均値をいう

最頻値（モード：mode）

最も頻度の高い観察値。度数分布表（ヒストグラム，後述）でいえば，度数の最大値に対応する値のことをいう。

尖度(kurtosis)

度数分布表を書いた場合,度数の分布が平均値のまわりにどのくらい密集しているのかを示す。正規分布の尖度は3であり,尖度＞3の場合は正規分布よりも尖った分布,尖度＜3の場合は正規分布よりも平たい分布をする。

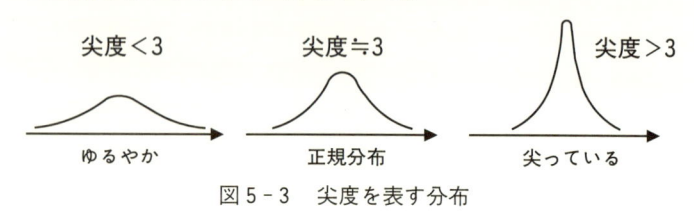

尖度＜3　　　　尖度≒3　　　　尖度＞3

ゆるやか　　　正規分布　　　尖っている

図5-3　尖度を表す分布

歪度(skewness)

度数分布表を書いた場合,度数の分布のひずみの具合を示す。正規分布のような左右対称の分布の歪度は0,分布の右側がへこみ左側に山がずれている時には歪度は正の値を取る。また分布の左側がへこみ右側に山がずれている時には歪度は負の値を取る。

尖度と歪度によって,正規分布からどれくらいかけ離れた分布であるか分かるとともに,分布のおおよその形をとらえることができる。

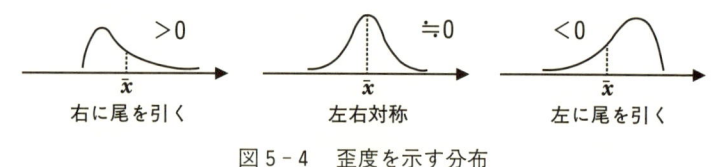

＞0　　　　　　≒0　　　　　　＜0
$\bar{x}$　　　　　　　$\bar{x}$　　　　　　　$\bar{x}$
右に尾を引く　　左右対称　　　左に尾を引く

図5-4　歪度を示す分布

標準偏差(standard deviation)

それぞれの数と分布の平均値の偏差(それぞれの観察値と算術平均の差)の平方の平均値をとって,その平方根を求めたも

のである。データの散らばり具合を示す。標準偏差は観察値が平均からどれくらいかけ離れて分布しているか，その「距離」を測り，尺度にしたものである。標準偏差の値が大きくなると分布はなだらかになる傾向がある。

分散（variance）

偏差を2乗して平均したもの。つまり分散の平方根が標準偏差である。

その他，**最小値**は観測値の中の最小の値，**最大値**は最大の値である。また，観測値は最大値と最小値の間に分布するので，この最大値と最小値の間隔を**範囲**という。

次に10のデータを持つデータセットについて，それぞれの値を具体的に示してみよう（**表5-3**）。

データ {45, 10, 30, 35, 40, 45, 45, 50, 50, 55}

平均	中央値	最頻値	標準偏差	分散
40.50	45.00	45.00	13.01	169.17
尖度	歪度	範囲	最小値	最大値
2.83	-1.56	45.00	10.00	55.00

表5-3

一般に数値は比較したり演算したりするには便利だが，全体を直感的に認識するには有効ではない。この目的にはグラフ，チャート（後述）といったものが有効となる。

1-3　ウソ・その3 ── 意図的につくウソ

故意に≪平均値を高くしたり低くするために，サンプルの抽出時に操作する≫

これは絶対にやってはならないことである。意図的に誤った情報を捏造することになるので許されないことであるが，世の中に出回っている情報を正しく捉えるためには，その仕組みを理解しておくべきである。

「今季のプロ野球選手の平均年俸は過去最高の3,284万円」，「住宅価格と平均年収の倍率」，「米国の1エーカー当たり平均農地価格」，「平均出費額」，「8月の平均最低気温」，「勤労者世帯の貯蓄現在高は1世帯平均1,393万円」などと，「平均」という言葉はいたる所で使われ，その数字を受け取る側も何となく理解できたような気がしている。しかし，ここに挙げた平均は，学校で習った「全部を足してデータの個数で割る」だけではない要素を含んでいるのである。プロ野球選手の年俸ならすべての選手に聞くこともできようが，その他のものは全体を調査することは至難の業である。つまり，推測という要素が多分に入っているのである。

もう少し平均についての一般的記述をみてみよう。

「日経平均株価の構成銘柄が4月24日に大幅に入れ替えられ，株式市場に混乱が生じている。日経平均は,市場流動性の高い225銘柄の株価の平均を基に算出され…」

「富山県の平均余命（平成9年）は，平成8年1月1日から平成10年12月31日までの3年間の死亡状況及び平成9年10月1日現在の人口等を基礎資料として作成したものである」

これらを読むと，平均と言っても全部のデータを足して割って

いるわけではなさそうである。またそれぞれの「〜平均」はある一定の約束事に基づいて算出されているようである。

平均値とは「平均して得られた数値」である。学校のあるクラスの英語のテストの得点であれば、すべてのデータを加算しデータ数で割ることもできるが、すべての勤労者の所得を調査することは難しい。そこですべてのデータ（母集団）の中からいくつかのデータ（サンプル）を取り出して利用することになる。これを**サンプリング**と呼ぶ。サンプリングで取り出したデータを処理の対象とし、平均値などの統計量を出す。サンプリングの方法も様々あるので、仔細については専門書を参照されたい。

大切なことは、平均には2種類、すなわち「全データを処理したもの」と「サンプルを取り出して処理したもの」があるということである。前者の場合は**標本平均**と**母平均**はおなじものとなる、後者の場合、**母平均は標本平均より推定される**、ということである。

ここで、どのようにウソをつくかを考えてみると、平均を上げたければ高得点のものを多く、下げたければ低得点のものを多くサンプリングすればよいことがわかる。処理をされた段階では情報量は減少してしまっているので、平均だけでは判断がつかなくなってしまう。これが平均を見るときの落とし穴になるのである。

2 数式は言語

文系出身の人は、往々にして数式を見るとそれだけで拒否反応を起こしてしまいがちである。しかし数式は事象を端的に表すのに便利な表現方法であり、言語の一種である。したがって、言語を理解できればその数式が理解できないはずはないと考え、理解することに挑戦してほしい。

ここで簡単に平均を示す数式の解説をする。

平均を示す式は，$\overline{X} = \frac{1}{n}\sum_{i=1}^{n} X_i$ で表わされる。

$\overline{X}$ は「エックスバー」と読み，平均を表わす。n はデータの個数である。$\sum$ は「シグマ」と読み，n 個のデータをすべて足し合わせることを意味する。$\sum_{i=1}^{n} X_i$ は，1番目のデータ X_1 から n 番目のデータ X_n までの総合計である。

今，データが5つ {2，5，8，6，13} あるとする。この平均を考えてみよう。

$X_1 = 2$，$X_2 = 5$，$X_3 = 8$，$X_4 = 6$，$X_5 = 13$ であり，$n = 5$ であるから，これを上の式に代入すると，

$$\overline{X} = \frac{1}{n}\sum_{i=1}^{n} X_i$$
$$= \frac{1}{5} \times (2 + 5 + 8 + 6 + 13)$$
$$= 6.8$$

となり，平均（$\overline{X}$）6.8が得られる。

ほかにも様々な数式が存在するが，基本に立ち返ってみると通常の言語で表わすよりも簡単であることがわかるはずである。

3 配点の工夫

同じテストを行っても，配点の調整により平均点を調整することができる。

教育の現場では，あまりに点数が低くて生徒のやる気をそいだり，あまりに平均点が低く，他の科目とのバランスが取れないなどの問題点が生ずることがあるので，これらを避けるために有効な手段である。また解答状況が悪い問題は設問が不適当であった可能性が高いので，これらに対する配点を低くすることによって，テスト問題自体の問題点を修正することにもなる。

	B	C	D	E	F	G	H	I	J	K	L	M	N	O	P	Q	R	S	T	U	V	W	X	Y	Z	AA	AB	AC	AD
1		2	3	4	5	6	7	8	9	10	11	12	13	14	15	16	17	18	19	20	21	22	23	24	25	4	345	245
2		1	1	1	0	0	0	0	1	1	1	1	1	1	1	1	1	1	1	1	1	1	1	1	1	68	70	71
3		0	1	1	1	0	0	0	0	1	1	1	1	1	1	1	1	1	1	1	1	1	1	1	1	80	83	86
4		1	0	0	0	1	1	1	0	0	1	0	1	0	1	0	0	0	1	1	0	1	0	0	1	44	47	48
5		0	0	0	0	0	0	1	0	1	1	1	1	1	1	1	1	1	1	1	1	1	1	1	1	64	67	66
45		0	0	0	1	0	0	0	1	1	1	1	1	1	1	1	1	1	1	1	1	1	1	1	1	60	64	66
46		0	1	0	1	0	0	0	0	1	0	1	1	0	0	1	0	1	1	0	1	0	1	0	0	40	44	44
47		1	1	1	1	1	0	0	0	0	0	1	1	1	1	1	0	1	1	1	1	1	1	1	1	68	71	74
48		1	1	1	1	0	1	1	1	1	0	1	1	1	1	0	0	1	1	0	0	0	1	1	1	76	79	81
49		0	1	0	1	0	0	0	0	1	1	1	1	1	1	0	0	1	1	1	1	0	1	0	0	64	67	67
50		1	1	1	1	1	1	0	1	1	1	1	1	1	1	0	1	1	1	1	1	0	1	1	0	84	85	85
51		0	0	1	1	1	1	1	1	1	1	1	1	1	1	0	1	1	1	1	1	1	1	1	1	80	82	83
52 合計		25	28	30	27	16	30	12	9	30	34	13	46	26	41	22	15	35	42	27	35	24	33	26	47	22	56	59	60
53		4	4	4	4	4	4	4	4	4	4	4	4	4	4	4	4	4	4	4	4	4	4	4	4	4		平均値	
54		4	4	4	4	4	4	4	3	4	4	3	4	4	4	4	3	4	4	4	4	4	4	4	4	4			
55		5	4	5	4	5	4	4	2	4	5	2	5	4	5	4	2	5	5	4	5	4	4	5	5	4			

表5-4

A 列：生徒番号（非表示），B 列：空き，C 列～AA 列：問題解答状況，AB 列：全部 4 点の場合の得点，AC 列：3，4，5 点の場合の得点，AD 列：2，4，5 点の場合の得点，1 行：項目列，52 行：各問正答数，53 行：全部 4 点の場合の配点，54 行：3，4，5 点の場合の配点，55 行：2，4，5 点の場合の配点

4 配点調整の実際

前ページの表（表5-4）は50名の生徒のテスト25問の解答状況を示すものである。生徒の解答状況の中程は非表示にしてある。

52行には正解数の合計、53行から55行は配点となっている。AB列からAD列には各生徒の得点が配点を変えた場合どのように変化するかが計算されている。生徒の解答状況にもよるが、かなりの幅で得点、平均ともに調整が可能である。

さて、得点のシミュレーション[1]を行う表の各セル中の式を説明しよう。

正解数の合計はΣ記号のボタンで範囲を選べばよい。具体的にはC52を選択しΣボタンをクリックすると、C51〜C1が選択されたSUM（合計）の式が出現する。C1は項目セルなので除外して、改めてC51〜C2までを範囲指定しリターンキーを押す。すると問題1の正解数の合計が算出される。このセル（C52）の式を右にAA52までドラッグすると、合計の式が該当部分に挿入され、数値が現れる。

配点部分（C53〜AA55）は必要に応じて各々入力する。平均点を高くしたいときには正答率の高いものに配点を多くするとよい。

まず、配点がすべて4点の場合の生徒の得点を示すAB列からみてみよう（図5-5）。

生徒の得点部分のAB2のセルには、
＝＋C2＊C$53＋D2＊D$53＋E2＊E$53＋F2＊F$53＋G2＊G$53＋H2＊H$53＋I2＊I$53＋J2＊J$53＋K2＊K$53＋L2＊

---

[1] 数値をさまざまに変化させてどのような結果を得られるか試行し、その様子を観察したり、求める状況に合致する結果を得る手法である。ここでは平均値が十分に上昇する配点を探るために行う。

L$53+M2*M$53+N2*N$53+O2*O$53+P2*P$53+Q2
*Q$53+R2*R$53+S2*S$53+T2*T$53+U2*U$53+V2
*V$53+W2*W$53+X2*X$53+Y2*Y$53+Z2*Z$53+
AA2*AA$53

という式が入っている。

この式は、次の図5-5を見ると分かるように、各問の正解（2行目の1あるいは0）と配点（53行の値、全部4点の場合なので、すべて4）をかけて、それらを全部足したものを示している。「+C2*C$53」のC2は問題1の回答状況、C$53は配点である。53の前に＄マークが付いているのは、このセルの式を50人分縦にコピーして表を作るときに、行が移動しないようにするためである。これを25問分足したものがAB2のセルの式である。以下AB51まで同様の式が入っている（各行によって0,1のパターンは異なっている）。

AC列は配点が3、4、5点の場合の得点を示す行である。解答状況に54行の各問題で異なる配点（3、4、5）を正解にかけて合計している。AD列は配点が2、4、5点の場合の得点を示す列である。55行の配点（問題により2、4、5）を正解にかけて合計している。ACの行は配点の位置がC$54になればよいし、ADの行はC$55である。

はじめに作るときは面倒だが、これを作っておけば回答状況だけ入れ替えてシミュレーションを容易に行うことができる。

この例では配点を全部4点から、一部正解数の少ない問題の配点を低くすることで、3点から4点ほど平均点を変えることができた。少し手間はかかるが、教育上の配慮として試みてもよい手法である。

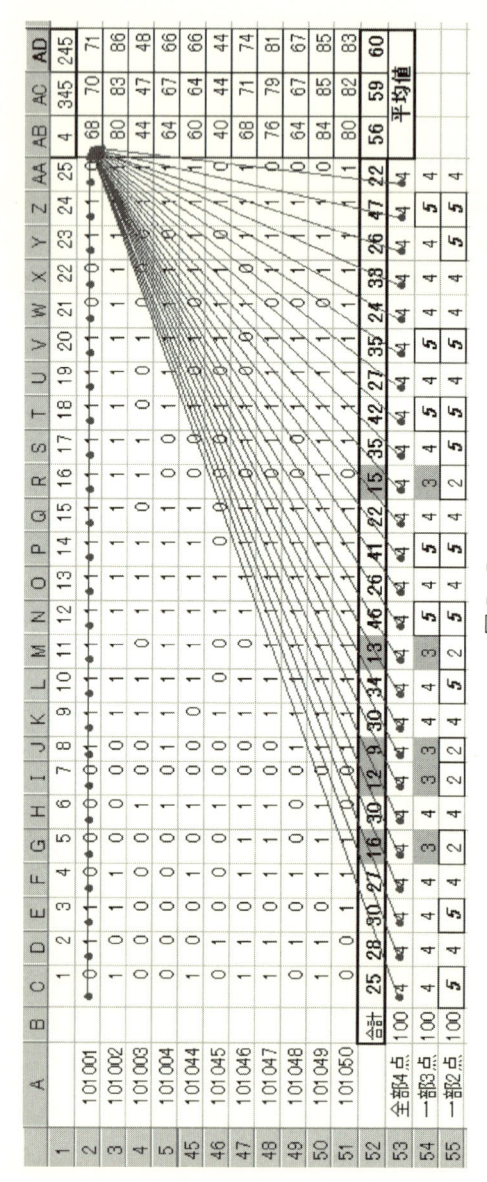

A	B	C	D	E	F	G	H	I	J	K	L	M	N	O	P	Q	R	S	T	U	V	W	X	Y	Z	AA	AB	AC	AD
		1	2	3	4	5	6	7	8	9	10	11	12	13	14	15	16	17	18	19	20	21	22	23	24	25	4	345	245
101001		0	0	1	0	0	0	0	0	1	1	1	1	1	1	1	1	1	1	1	1	1	1	1	1	1		68	70	71
101002		1	0	1	1	0	0	0	0	1	1	0	1	1	1	1	1	1	1	1	1	1	1	1	1	0		80	83	86
101003		0	0	0	0	0	1	0	0	1	1	0	1	1	1	0	1	0	1	0	1	0	1	0	1	0		44	47	48
101004		0	0	0	0	0	1	0	0	0	1	1	1	1	1	1	0	1	1	1	1	1	0	1	1	1		64	67	66
101044		1	1	0	1	0	1	0	0	0	1	1	1	1	1	1	0	1	1	0	1	0	1	0	1	0		60	64	66
101045		0	1	0	0	0	1	0	0	0	1	0	1	1	0	0	0	0	1	1	0	1	0	1	1	0		40	44	44
101046		1	1	1	1	1	1	0	0	1	1	0	1	1	1	1	0	1	1	1	1	1	1	1	1	1		68	71	74
101047		1	1	1	1	1	1	0	1	1	1	1	1	1	1	1	1	1	1	1	1	1	1	1	1	0		76	79	81
101048		0	1	0	0	1	0	0	0	0	1	1	1	1	1	1	1	1	1	0	1	0	1	0	1	0		64	67	67
101049		1	1	1	1	1	0	0	0	1	1	0	1	1	1	1	0	1	1	1	1	1	1	1	1	0		84	85	85
101050		0	0	1	1	1	1	0	1	1	1	1	1	1	1	1	0	1	1	1	1	1	1	1	1	1		80	82	83
合計		25	28	30	27	16	30	12	9	30	34	13	46	26	41	22	15	35	42	27	35	24	33	26	47	22	56	59	60
全部④点	100	4	4	4	4	4	4	4	4	4	4	4	4	4	4	4	3	4	4	4	4	4	4	4	4	4	平均値			
一部③点	100	5	4	5	4	3	4	3	4	4	5	3	5	4	5	4	3	5	5	4	5	4	4	4	5	4				
一部②点	100	5	4	5	4	2	4	2	2	4	5	2	5	4	5	4	2	5	5	4	5	4	4	4	5	4				

図5-5

6 学年全体で英語の評価をしたい

1　5段階評価と10段階評価

　5段階評価，10段階評価ともに基本的には成績の順位をもとにした評価である。100点満点の成績では感覚的に分かりにくいので，上，中，下にその中間を加えたものが5段階，さらにそれぞれを2つに区分したものが10段階評価と考えればよい。

　実際に評点をつける場合には，大体の目安としてそこに含まれるデータのパーセンテージがある。5段階の場合7％，24％，38％，24％，7％となる。

　池田[1]によれば，もとになる点数が「テスト成績を基準とするもので，しかも分布の形が正規分布[2]である場合には，5の段階の人が偏差値でちょうど65以上の人にあたり，4の段階の人が55から64までの人，そして3の段階の人が45から54までの人，そして2の段階の人が35から44までの人，そして1の段階の人が35未満の人というように，平均50を中心に，ちょうど10ずつ区分した形になって…」ということになる。

　また，「五段階法は，本質的には，細かい順位がつけられないようなとき，一定の割合で同順位をつけることを許して評定した

---

[1]　池田　央（1992）『テストの科学』（日本文化科学社）
[2]　本書第9章「成績が伸びているか否かを知りたい」およびp.94参照。

順位法の一種であると考えればよい」とし，テスト結果の表記法で考える条件としては次の3点をあげている。

1. テストの問題数が少なく，素点の刻みが粗いのに，あまり細かい目盛りの尺度を用いないこと。
2. 評定が大ざっぱにしかできないとき——主観的判定など——必要以上に細かい目盛り——10段階以上——の評定尺度を用いないこと。
3. 評定の対象人数が多いときは，刻みの多い尺度が必要になること——したがって問題数の多いテストが必要になります。

また，「このことから，対象者が40〜50以下であれば五段階法が，100から200人ぐらいでは九段階法——ステイナイン尺度[1]か偏差値法——…テスト問題数が10問以下では五段階法，10〜20問程度では九段階法が，そして50から100の細目積み上げ方式では偏差値法…」が適当としている。

2　5段階評価と10段階評価の実際

実際の評価の場面では，教育的配慮（平常の授業態度，励ましや逆に辛い評点をつけて刺激を与える）や同点者の存在，教師間の格差などにより，5は必ず7％の何人で，4は必ず24％の何人，というような計算上のパーセンテージに納まることはまれである。試験の得点，提出物，平常点，授業態度などを総合的に判断することになる。しかし，評点そのものは全体とのバランスを取り，生徒，保護者，教師のそれぞれに納得のいく説明ができるものでなければならない。

---

1) ステイナイン尺度は9段階評定で，10段階評定にきわめて近い。

そのためには、担当教師達がすべてのデータを見ながら意見交換し、決定するための環境が必要である。次ページの**表6-1**はA〜Dのクラス各10人のクラスの1学期の中間、期末、平常点、欠時をまとめた表である。

これをまとめていくつかの表を作り、評価の資料とする。印刷したものではなくExcel上で作ったものなので、データを変更した後にすぐに計算値が更新され、何度もやり直すことができる。全体またはクラスごとの評点配分、クラスごとの評点のちらばりの違いなどが一目で読みとることができる。

この時作成するのは、全体と各クラスの各得点、評点の平均の表、評点の分布表（全体、クラス別）である。

評点分布表は評価を変えると同時に更新されるので、どの程度の割合で評点がついたかを確認しながら作業を進められる。

クラス別評点分布表は作業が終わってからクラスの分布を確かめるものである。こうすると評価が終わった時点で成績会議に必要な情報がすべてそろうことになる。

3 成績表と平均の表の作成

次ページの**表6-1**は、各クラス10人編成の4クラス分のデータを整理したものである。

43行目から47行目までには各列のクラス別と全体の平均を算出してある。この値を見ながらクラスの評点の分配を按配する。

まず、平均を計算する表を作成する。1中平常点の部分（C43〜C47）にAVERAGE関数を用いて各クラスの範囲を指定し、算出する。具体的には、A組の場合、C43を選択し*fx*ボタンをクリックする。ダイアログボックスで「AVERAGE」を選択し、OKをクリックする。出てきたダイアログボックスの範囲

	A	B	C	D	E	F	G	H	I	J	K	L
1		CODE	1中平	1中試	1中合計	1欠	1末平	1末試	1末合計	1学期	1成績	1欠
2	A	101	16	52	68		37	13	50	59	4	
3	A	102	8	53	61		38	2	40	51	3	
4	A	103	18	58	76		40	6	46	61	4	
5	A	104	22	64	86		58	20	78	82	5	
6	A	105	5	56	61		31	1	32	47	3	1
7	A	106	10	56	66		27	2	29	48	3	
8	A	107	5	36	41		19	3	22	32	2	
9	A	108	24	54	78		49	11	60	69	4	9
10	A	109	13	59	72		27	2	29	51	3	
11	A	110	9	42	51		15	0	15	33	2	
12	B	201	3	46	49		26	1	27	38	3	
13	B	202	11	44	55		29	2	31	43	3	
34	D	403	27	66	93		42	14	56	75	5	
35	D	404	10	59	69		35	6	41	55	3	1
36	D	405	25	69	94		58	19	77	86	5	
37	D	406	30	69	99		57	23	80	90	5	
38	D	407	7	50	57		31	1	32	45	3	
39	D	408	13	50	63		33	6	39	51	3	
40	D	409	10	53	63		19	4	23	43	3	
41	D	410	4	46	50		14	7	21	36	3	
42			1中平	1中試	1合計	1欠	1末平	1末試	1合計	1学期	1成績	1欠
43		A	13.0	53.0	66.0		34.1	6.0	40.1	53.3	3.3	5.0
44		B	7.8	46.0	53.8		30.6	1.0	31.6	42.9	2.8	4.0
45		C	10.2	49.9	60.1	4.3	33.6	1.6	36.6	48.5	2.8	4.4
46		D	15.1	56.4	71.5	1.0	34.8	9.1	43.9	58.0	3.7	1.0
47		ALL	11.5	51.3	62.9	3.6	33.3	4.4	38.1	50.7	3.2	3.8

表 6-1

A列：クラス　B列：CODE—A組を1で表わし，続く2ケタ01～10は出席番号である。105はA組の出席番号5番を表わす。　C列：1学期中間平常点　D列：1学期中間テスト評点　E列：1学期中間平常点，テスト評点合計　F列：1学期中間時までの欠時　G～I列：期末に関しての同様の項目　J列：中間期の合計と期末期の合計が平均されている　K列：1学期の成績評定を記入する欄。意見交換しながら決定したものを記入してゆく。

にC2～C11を入力する。B組～D組，ALLまで同様に適切な範囲を入力し，式を挿入する。C43～C47まで式が入ったら，C43～C47の範囲を選択し，右の各列（D43～L47）にコピーすれば各列の相当部分に式が挿入される。

4　評点の分布表の作成

次の**表6-2**は各クラスと全体の評点の分布を示す表である。同じシートの49行以降に作成している。これを作成するには，セルの中に入っているデータを判断し，特定のものであればそのセルの数を数えるCOUNTIF( )という関数を用いる。

≪各クラスの評点の分布≫

評点1の数を数えるためには評点1の数を挿入するセル（まずA組の1を処理するのでG50）を選択し，*fx*ボタンより「統計」，「COUNTIF」を選び（図6-1），A組の評点の部分を範囲として選択する。ここではK2:K11を選択し，検索条件に1（評点1）を入力している（図6-2）。OKすると範囲内の1の数を数え，数値を表示する。

	F	G	H	I	J	K	L	M
49		1	2	3	4	5	計	
50	A	0	2	4	3	1	10	
51	B	0	2	8	0	0	10	
52	C	1	1	7	1	0	10	
53	D	0	0	6	1	3	10	
54	ALL	1	5	25	5	4	40	
55								目安として
56					1	1	3%	7%
57					2	5	13%	24%
58					3	25	63%	38%
59					4	5	13%	24%
60					5	4	10%	7%
61					ALL	40	100%	

表6-2

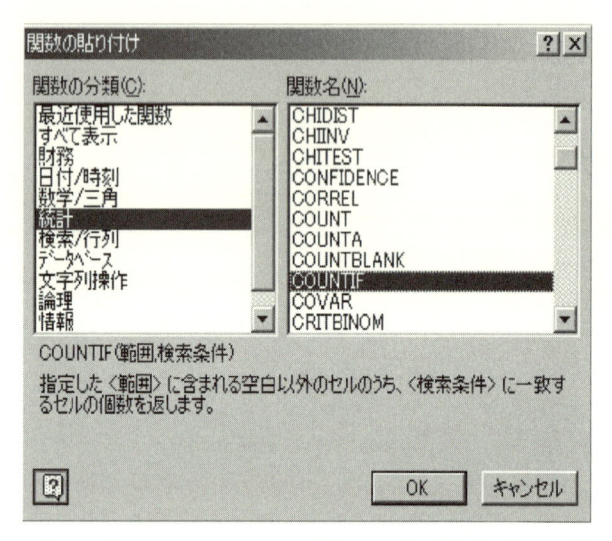

図 6-1 fx をクリックして「統計」から「COUNTIF」を選択

図 6-2 評点は K 列，A 組なので 2 から 11 までを範囲とする

　他のセルの計算式は表 6-3 のようであるから，A 組評点 1 の式を，この表全体にコピーした後に適宜直すと，fx ボタンから処理するよりも手間がかからない。（評点 3，4，5 の場合は，省略した。）

	1	2	〜	計
A	=COUNTIF($K2:$K11,1)	=COUNTIF($K2:$K11,2)	〜	=SUM(G50:K50)
B	=COUNTIF($K12:$K21,1)	=COUNTIF($K12:$K21,2)	〜	
C	=COUNTIF($K22:$K31,1)		〜	
D	=COUNTIF($K32:$K41,1)		〜	
ALL	=SUM(G50:G53)		〜	

表6-3

A組評点1の式をこの表全体にコピーし，適宜手作業で書き換えた方が仕事が速い。

≪全クラスの評点の分布と割合≫

全体の評点の分布と割合を示す表（J56〜L61）の各セルには，表6-4のような式が入っている。

1	=COUNTIF(K$2:K$41,1)	=+K56/$K61
2	=COUNTIF(K$2:K$41,2)	=+K57/$K61
3	=COUNTIF(K$2:K$41,3)	=+K58/$K61
4	=COUNTIF(K$2:K$41,4)	=+K59/$K61
5	=COUNTIF(K$2:K$41,5)	=+K60/$K61
ALL	=SUM(K56:K60)	=+K61/$K61

表6-4

=COUNTIF(K$2:K$41,1) の COUNTIF は前述のように，条件を満たしたものの数を数える関数である。カッコ内の K$2:K$41 が範囲で，この場合は全部の評価点の中から検索することを示している。カンマの後の1が条件で，1のものを探す，ということである。したがって，2〜5の部分はカンマの後の数字が2〜5になっていることに注意してほしい。

≪評点のパーセンテージの算出≫

さて,パーセンテージを算出するには,算出した評点の数を合計の欄の数で割り,表示を%表示にすればよい。

評点1のパーセント表示の欄L56には,「=+K56/$K$61」という式が入る。K56が評点1の数をカウントしたセル,$K$61が評点の数の合計ALLの欄にはいっている数である。すなわち,1の数を全数で割ることを示している。$K$61の部分に$がついているのはコピーした場合に数値が変化しないようにするためである。

後はL56をL57からL61までのセルにコピーすれば,評点の分布表が完成する。

ここまでが評価会議を開くまでの準備段階である。あらかじめこれらの計算式を入れた表を作成しておけば,あとは得点,欠時などを入力,ないしは他のExcelの表からコピーすればよいので簡単である。また若干の修正を加えれば何年でも使用できる。

5 評価会議の実際

さて,評点分布表が完成したところで,実際に使用する方法を見てみよう。まずK列に評点を入れることから始める。得点欄を1学期の欄(すべての得点評価が足したり,割ったりしてまとめてある)の数値をもとに得点の高い順にソートする。次にK列の「1成績」欄に適宜1～5の評点を入れていく。並べ替えてあるので具体的にはどの部分で評価を区切るかということを考えることになる。5と4を区切るのは80点,4と3を区切るのは60点などと相談して決めておく。また,出席の状況,授業態度なども加味しながら評点を与える。

とりあえず評点が埋まったら下にできている表を参考に調整を加える。

だいたい目安がついたらクラスごとの状況を見るために再びCODE順に並べ替える。すると評価の分布が読みとれるので，さらに検討を加え問題がなければ評価は終了する。問題がある場合には評点を入力し直して同じ作業を繰り返すことになる。いずれにしてもコピー，移動などを繰り返すだけなのであまり時間がかからない。

では，**表6-5**を用いて実際に作業を進めてみよう。便宜上，表の一部を非表示にしている部分もあるので注意してほしい。

表6-5のデータ部分（反転している部分）を選択し「データ」から「並べ替え」を選び（**図6-3**），ダイアログボックス（**図6-4**）で最優先のキーを「1学期」とする。降順のソートを選び，OKをクリックすると得点の高い順から並び替わる。

この状態で得点を目安に評点を入力する。後で調整するので大体でよい（**表6-6**）。

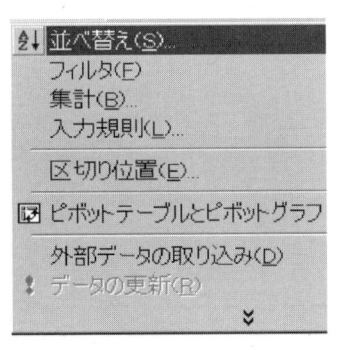

図6-3

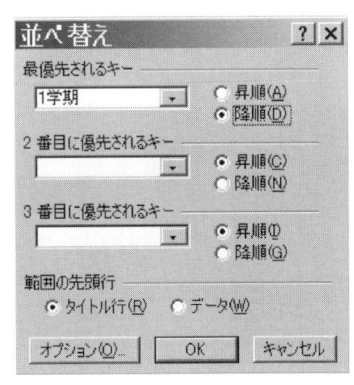

図6-4

	A	B	J	K
1		CODE	1学期	1成績
2	B	206	25	
3	C	310	28	
4	A	107	32	
5	A	110	33	
6	B	207	33	
7	D	402	35	
8	D	410	36	
9	B	201	38	
10	C	307	40	
11	B	210	42	
12	B	202	43	
13	C	309	43	
14	D	409	43	
15	B	208	44	
16	D	407	45	
17	A	105	47	
18	B	209	47	
19	C	306	47	
20	A	106	48	
21	B	203	50	
22	C	301	50	
23	A	102	51	
24	A	109	51	
25	D	408	51	
26	B	205	52	
27	C	302	52	
28	C	303	53	
29	C	304	53	
30	B	204	55	
31	D	404	55	
32	C	305	57	
33	A	101	59	
34	A	103	61	
35	C	308	62	
36	D	401	64	
37	A	108	69	
38	D	403	75	
39	A	104	82	
40	D	405	86	
41	D	406	90	

表6-5

	A	B	J	K
1		CODE	1学期	1成績
2	D	406	90	5
3	D	405	86	5
4	A	104	82	5
5	D	403	75	5
6	A	108	69	4
7	D	401	64	4
8	C	308	62	4
9	A	103	61	4
10	A	101	59	4
11	C	305	57	4
12	B	204	55	4
13	D	404	55	4
14	C	303	53	3
15	C	304	53	3
16	B	205	52	3
17	C	302	52	3
18	A	102	51	3
19	A	109	51	3
20	D	408	51	3
21	B	203	50	3
22	C	301	50	3
23	A	106	48	3
24	A	105	47	3
25	B	209	47	3
26	C	306	47	3
27	D	407	45	3
28	B	208	44	3
29	B	202	43	3
30	C	309	43	3
31	D	409	43	3
32	B	210	42	3
33	C	307	40	3
34	B	201	38	2
35	D	410	36	2
36	D	402	35	2
37	A	110	33	2
38	B	207	33	2
39	A	107	32	2
40	C	310	28	1
41	B	206	25	1

表6-6

	1	2	3	4	5	計
A	0	2	4	3	1	10
B	1	2	6	1	0	10
C	1	0	7	2	0	10
D	0	2	3	2	3	10
ALL	2	6	20	8	4	40

						目安として
			1	2	5%	7%
			2	6	15%	24%
			3	20	50%	38%
			4	8	20%	24%
			5	4	10%	7%
			ALL	40	100%	

表6-7

　入力が終わったら同じ範囲を選択し，今度は「CODE」をキーに昇順で並べ替える。するとクラス別の評点の分布表に値が示される。これを参考に評点の数を調整する。欠時，平常点の状態などを加味し，会議の参加者全員が納得するようにすべきである。また，この作業の経過と結果をメモし疑義が生じた場合の準備をしておくことが望ましい。ここでは目安として70点以上を5，30点以下を2，55点以上70点未満を4，30点以上40点未満を2，その他を3として仮の評点を与えてある。

　表6-7は**表6-6**に評点を入れた段階の分布表である。目安のパーセンテージを参考にしながら，5を各クラスに与える必要があるとか，3が多すぎるなどと協議しながら細かい調整をする。評点を動かせばこの分布表も更新されるので，相談をしながら様子をみて成績を検討することができる。

　会議が終了した段階で各表を印刷し，転記すれば成績評価の仕事は終了となる。

● 絶対評価について

　1971年の指導要録改訂においては、「あらかじめ各段階ごとに一定の比率を定めて、児童をそれに機械的に割り振ることのないように留意すること」とされ相対比率による評価は観点別評価へと徐々に移行してきた。さらに、1999年の諮問「児童生徒の学習と教育課程の実施状況の評価の在り方について」を受けた教育課程審議会は、

(1) 学力については、知識の量のみでとらえるのではなく、学習指導要領に示す基礎的・基本的な内容を確実に身に付けることはもとより、それにとどまることなく、自ら学び自ら考える力などの「生きる力」がはぐくまれているかどうかによってとらえることが必要。

(2) このため評価においては、学習指導要領が示す目標に照らしてその実現状況を見る「目標に準拠した評価（いわゆる絶対評価）」を一層重視し、児童生徒のよい点や可能性、進歩の状況などを評価する個人内評価を工夫することが重要。

(3) また、学校の教育活動は、計画、実践、評価という一連の活動が繰り返されながら展開するものであり、指導と評価の一体化を図るとともに、評価方法の工夫改善を図ること、学校全体としての評価の取り組みを進めることが重要。

との評価の基本的な考え方を答申している。このために、児童生徒の学習の到達度を客観的に評価するための評価規準等の研究開発を行い、学校の評価活動を支援すること、児童生徒一人一人のよい点や可能性、進歩の状況などを評価するため、個人内評価を工夫すること、指導と評価の一体化を図ること、児童生徒の成長の状況を総合的に評価すること、教員間の共通理解を図り、一体となって取り組むことなどが必要であるとしている。絶対評価をするためには多様な観点で妥当かつ共通の評価基準を設け、個々の児童・生徒を個別に評価せよということになる。

　しかし評価基準が徹底されていれば、この結果を総合した評価点は統計的にみると標準的な分布をするはずであり、多くのサンプルを集めれば正規分布に近づくものと考えられる。

7 平均点が同じクラスの違いを知りたい

1 クラスの特徴を分析する

平均点がおなじであるクラスでも生徒の状況は異なる。得点表だけを見ていてはわからないクラスの特徴を分析し，検討する方法を考えよう。

次ページの**表7-1**はB，C組の1学期中間試験の結果である。D35，D36に各クラスの平均点をとってある。

平均点は小数点以下2桁まで同じである。しかし，だからと言ってこの2つのクラスの生徒は同じ学力であると言えるのであろうか。

ご存じのように平均値はデータの一側面を表わす代表値である。それぞれたくさんの数値をもつ2つのデータ群（ここでは2つのクラス）を，平均点という数字に要約することによって，簡単に比較することができる。

しかし，平均点が同じならクラスの特徴も同じであると考えて，同じような学習指導を行うと失敗することがある。学力が高い生徒と中位，下位の生徒の構成比率がどのようになっているかを把握しないと，指導の方法を適切なものにできない可能性がある。

平均値はすべてのデータを足してデータ数で割ったものであるから，個々のデータの特徴は消えてしまっている。ここではデー

	A	B	D	E
1	CODE	B	C	
2	3201	51	66	データ区間
3	3202	55	56	10
4	3203	60	69	20
5	3204	60	67	30
6	3205	65	76	40
7	3206	36	69	50
8	3207	45	51	60
9	3208	60	66	70
10	3209	63	52	80
11	3210	49	34	90
12	3211	57	77	100
13	3212	97	83	
14	3213	75	73	
15	3214	75	75	
16	3215	57	60	
17	3216	89	80	
18	3217	79	59	
19	3218	85	65	
20	3219	80	91	
21	3220	85	79	
22	3221	80	82	
23	3222	85	63	
24	3223	90	73	
25	3224	84	74	
26	3225	53	83	
27	3226	71	88	
28	3227	70	88	
29	3228	88	84	
30	3229	63	76	
31	3230	63	79	
32	3231	87	56	
33	3232	86	58	
34	3233	66	57	
35			69.97	AVERAGE(B2:B34)
36			69.97	AVERAGE(D2:D34)

表7-1　B，C組の1学期中間試験の結果

タの構成を表現する方法を紹介する。

1-1 ヒストグラムを描く

ヒストグラムは度数多角形とも呼ばれる。すべてのデータをいくつかの階級に分け，その頻度数をグラフにしたものである。いわゆる何点台に何人いるかということを示すグラフである。

実際にB，C各クラスの10点刻みの度数分布表を作り，それをグラフ表現することで学力の分布状況を比較してみよう。

ツールメニューから「分析ツール」，「ヒストグラム」とメニューを追うと，ヒストグラムのダイアログボックスが開く（図7-1・2）。

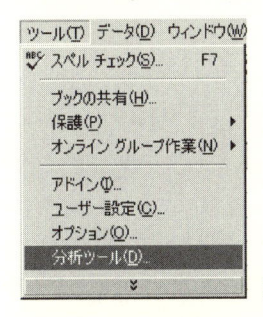

ツールメニューに「分析ツール」が見当たらないときは，「ツール」から「アドイン」で開いたダイアログボックスで「分析ツール」にチェックを入れ，OKをクリックする。

これでツールメニューに「分析ツール」が現れる。「分析ツール」が見あたらない場合はp.100の操作をする。

図7-1　「分析ツール」をクリックする

図7-2　「ヒストグラム」を選び，OKをクリックしたところ

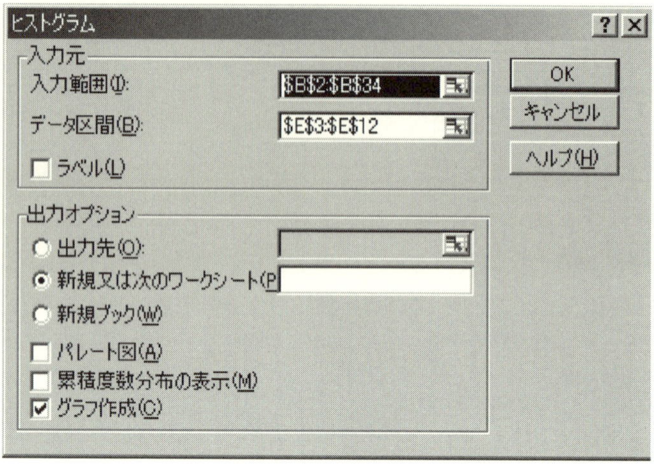

図7-3　ヒストグラムの画面

　「ヒストグラム」のダイアログボックスで「**入力範囲**」のところにカーソルを合わせてクリックし，その後B組の試験結果を示す範囲B2～B34を選択する。

　クラスを示すB（B1）のラベルを含めたい場合は，選択する時にB1を含め，さらにラベルのチェックボックスにチェックを入れる。

　次に「**データ区間**」の入力部分にマウスカーソルを置き，クリックした後，データ区間10～100の部分を選択する。

　このデータ区間は，ワークシート上に分析ツールを起動する前に自分で作成する。どの程度の細かさで分布表を作るかを決定する部分なので，必要に応じて点数の幅は決めればよいが，一般に7～15程度におさめておくとよいだろう。（ラベルにチェックを入れた場合は，ワークシート上の「データ区間」の文字の入っているセル（ラベル部分）を含める必要がある）。

次に「**出力オプション**」の部分は,「新規又は次のワークシート」のままにしておく。

同じシートに分布表とグラフを作りたい場合は「出力先」にチェックを入れ,入力部分をクリックしてワークシートのデータの入っていない部分を縦15セル横10セル程度範囲指定すればよい。

最後に「**グラフ作成**」のチェックボックスにチェックを入れ,OK をクリックする。すると次図(図7-4)のような度数分布表とグラフが作成される

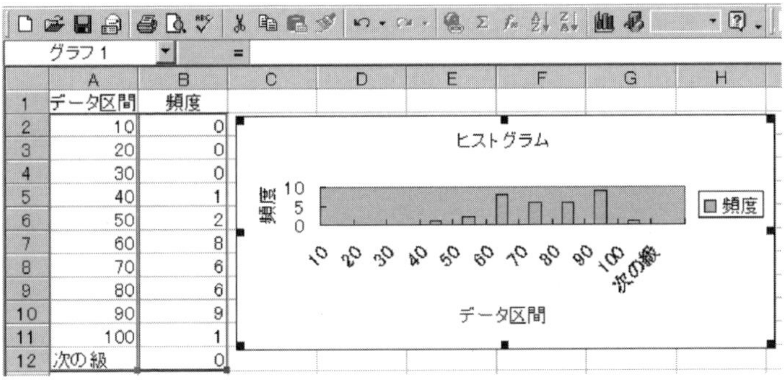

	A	B
1	データ区間	頻度
2	10	0
3	20	0
4	30	0
5	40	1
6	50	2
7	60	8
8	70	6
9	80	6
10	90	9
11	100	1
12	次の級	0

図7-4　同じシート上にグラフが作成された場合の図

グラフはこのままでは見にくいので,上下左右にある黒い四角の部分(ハンドルという)をマウスポインタで引っ張り,大きさを調節する。また,タイトル,グラフの色,表示の向きなどは適当に調整できる。

これで,1クラス分のデータのグラフができ上がった。この度数分布表とグラフは sheet 4 に出力されているはずである(「出力オプション」が「新規又は次の…」の場合)。慣れれば1分以内でできるようになる。同様にして C 組のデータも処理する。

(1) 「分析ツール」がツールメニューに現れない場合の操作

「分析ツール」が見あたらない場合は,「ツール」から「アドイン」を選び（図7-5）,「分析ツール」のチェックボックスにチェックを入れる（図7-6）。ここでも見つからない場合は, ExcelのCDより再インストールをすることになる。

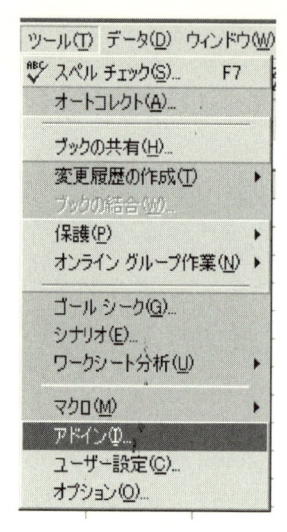

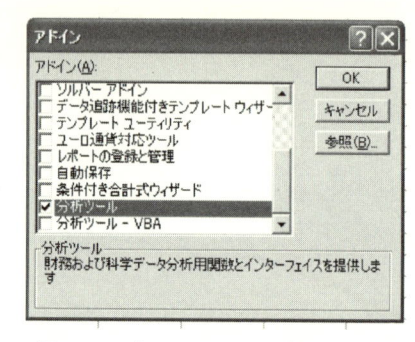

図7-6 「ツール」から「アドイン」で開いたダイアログボックスで「分析ツール」にチェックを入れ, OKをクリックする

図7-5

次は, 両者を比較するために組み合わせたグラフを書くことになる。

(2) 度数分布表の合成とグラフの作成

B組の度数分布表を別のワークシートにコピーする。別のワークシートを表示するには, 画面左下にある sheet 2 などと書いてあるタブをクリックすると表示することができる。sheet 2 に移動し, ついでにタブにある sheet 2 と書いてある文字をダブルクリックして反転させ,「BCグラフ」と名前を変えておこう。

まずB組の度数分布表をコピーする（図7-7）。

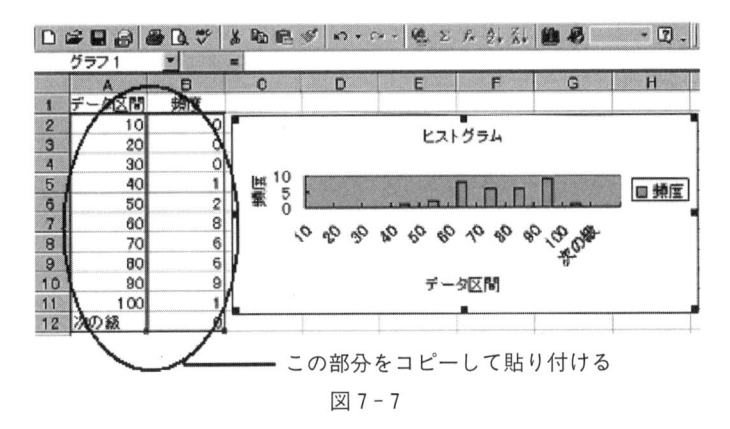

この部分をコピーして貼り付ける

図7-7

コピーした分布表の「頻度」と入っているセルを「B」と書き換え、その隣のセルにC組のデータをコピーするための準備として「C」と入力する。

「次の級」の行は不要なので消去する。（度数分布表の作成の仕方は10までのデータ，20までのデータ，という形で数えているので，今回のデータでは100以上は存在しない）。次にC組の該当データをコピーし，分布表ができ上がる（表7-2）。

	A	B	C
1	データ区間	B	C
2	10	0	0
3	20	0	0
4	30	0	0
5	40	1	1
6	50	2	0
7	60	8	8
8	70	6	7
9	80	6	10
10	90	9	6
11	100	1	1

表7-2
完成したB，C組比較度数分布表

第7章 平均点が同じクラスの違いを知りたい

(3) B，C組の比較グラフを描く

B，C組のデータ部分（B1～C11）を選択し，ツールバーのグラフのボタン をクリックする。出てきたダイアログボックスで作りたいグラフを選ぶ。ここでは棒グラフの基本を選ぶ（図7-8）。「次へ＞」をクリックし，「系列」のタブを選び，出てきた画面で「追加」をクリックする（図7-9）。こうして現れた「項目軸ラベルに使用」の入力部分に，表7-2のデータ区間10～100（A2～A11）を入力する。「次へ＞」をクリックし，グラフタイトル，X項目軸，Y数値軸にそれぞれ「B，C比較」，「得点」，「人数」と入力する（図7-10）。ここで「完了」をクリックすればB，C組の比較グラフができ上がる（図7-11）。

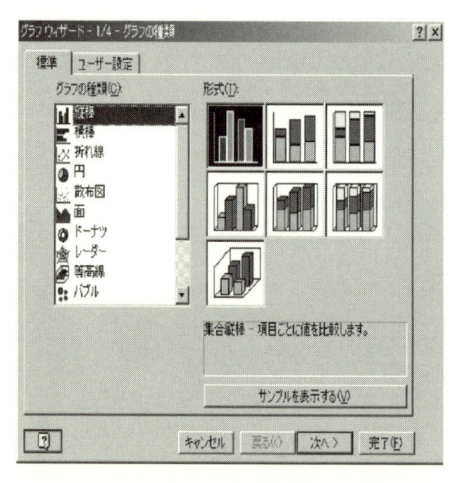

図7-8 ダイアログボックスで「棒グラフ」の基本を選ぶ

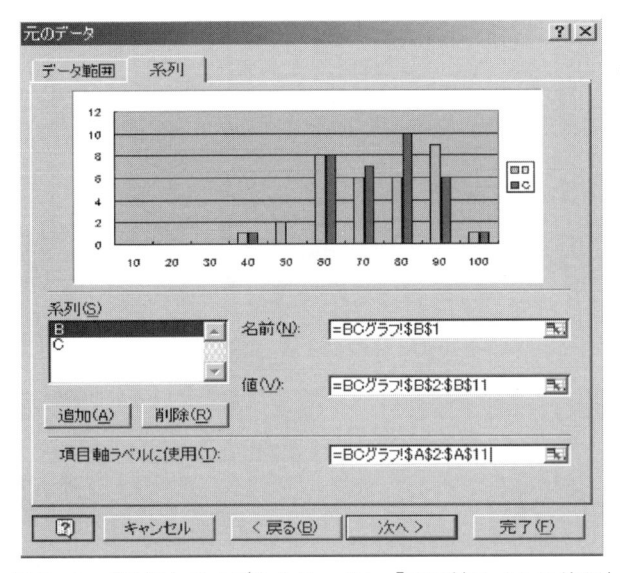

図7-9 「系列」のタブをクリックし「項目軸ラベルに使用」の入力部分にA2〜A11を入力して，次へをクリック

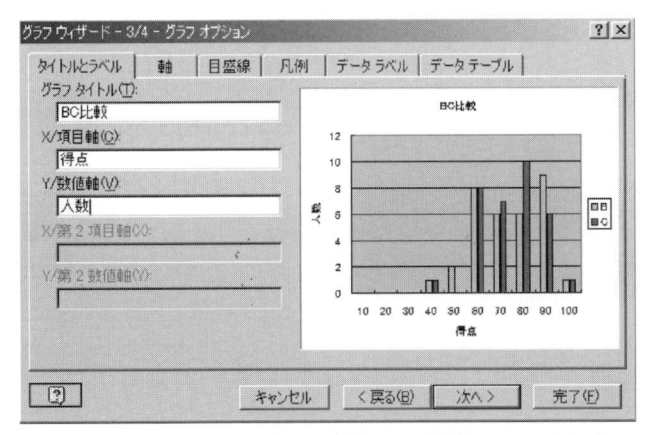

図7-10 グラフタイトル，X項目軸，Y数値軸にそれぞれ「BC比較」「得点」「人数」と入力して次へをクリック

第7章 平均点が同じクラスの違いを知りたい —— 103

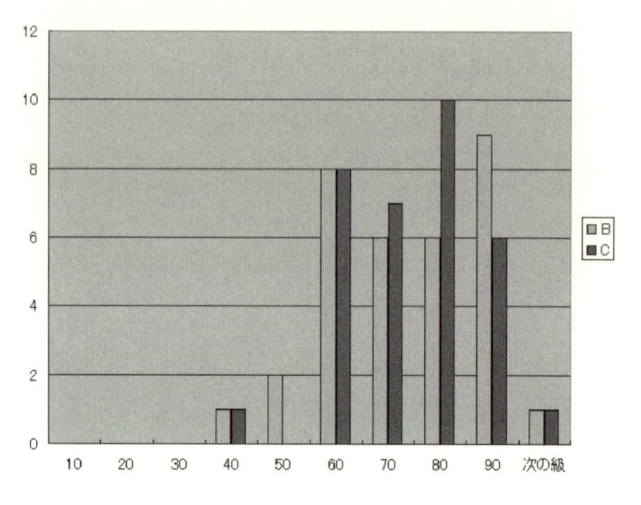

図7-11 できあがった，BC組の複合したグラフ

さて、これからはどのようにこのグラフを解釈するかが問題である。

1. B組は60点の部分と90点の部分が突出している。
2. C組は80点を頂点にほぼ山形に得点が分布している。
3. C組には40点台に主なグループから離れたものがいる。

などが観察される。

これらをもとに、「B組は学習が進んだ者と遅れた者が分離し、中間層が欠けているので2つのグループに分けた学習形態をとろう」とか「C組のかけ離れて遅れた者の指導はいかにすべきか」などと、学習者の実体を把握したうえでの、授業や個別指導の計画を立てることになる。

8 生徒に弱点を知らせたい

1 正答率

1-1 小問別, 技能別の正答率

　テスト実施後, 教師はその結果から生徒の得意な項目や弱点などを知ることができる。テストの採点中に, おおよその傾向は把握できるが, さらに詳細な情報を得たい場合には, 問題ごと, 項目ごとの正答率を求めることが必要となる。正答率が低い問題はなぜそうなったのか, 例えば, 生徒の理解が十分でなかったとか, 質問のしかた, あるいは, 解答方法の指示が不適切, 不明確であったとか, その原因を究明することによって, 教師はその後の授業やテスト作成に役立てることができる。また, 生徒は教師の指導を通してその後の英語学習に活かすことができるであろう。

　大学英語教育学会作成の『英語聴解力標準テスト Form A』の場合, マニュアルに設問ごとの正答率が提示されていて, 正答率が低い問題はテスト作成時の受験者が苦手とする問題, あるいは不得意な項目であることがわかる。また, パート別の正答率を算出することによって, 彼らにとってそれが得意な問題形式であるか否かについての情報も得ることができるであろう。

実用英語技能検定（英語検定）の場合，受験者ひとりひとりに検定能力別・出題形式ごとの点数と得点率が通知されるので，受験者は自分がどの項目（技能）ができて，どれができなかったかがわかるようになっている。学校単位で受験する場合には，クラス別，学年別に正答率を算出することにより，そのクラス（あるいは学年）の生徒たちの弱点が見えてくるかもしれない。

教師が行うテストにおいても，**表8-1**のような一覧表を作成すると，小問ごとの正答率が求められる。正答率が低い問題が特定のクラスに偏っている場合には，該当するクラスの生徒に復習をさせたり，場合によっては指導法を改善する必要があるかもしれない。

1-2 正答率の求め方

小問ごとの正答率を求めるには，解答用紙を繰って数えるより，多少の時間はかかるが，パソコンで表を作成すると便利である。入力方法として，解答をそのまま入力する方法と解答の正誤情報のみを入力する方法がある。いずれの方法の場合でも入力の手間はほとんど変わらないので，正答率以外に，各選択肢の選択率などの情報も得られるという利点がある前者の方法で入力しておくことを勧めたい。

ここでは，各小問の正答率のほかに，生徒別に正答率を求める必要があるので，解答で入力したデータを正誤情報に変換するという手順を踏むことにする。なお，正答率のみ求められればよいという場合には，正誤情報を入力する方法を用いても構わない。

表8-1は生徒数30名のクラスのテストの解答の一部（リスニング部門）である。これをもとに正答率を算出していく。（正答率と選択率については第3章も参照されたい）

	A	B	C	D	E	F
1	生徒番号	問題1	問題2	問題3	問題4	問題5
2	1	a	b	d	b	c
3	2	b	b	d	b	d
4	3	b	c	d	c	c
5	4	c	a	c	a	b
6	5	a	NA	d	b	c
7	6	b	c	d	c	c
8	7	c	c	c	b	c
9	8	c	c	b	d	c
10	9	c	a	d	b	b
11	10	c	b	a	a	a
12	11	c	d	c	b	c
13	12	d	a	d	b	c
14	13	c	c	d	d	c
15	14	b	b	d	a	d
16	15	c	a	d	b	c
17	16	c	d	b	b	c
18	17	b	a	d	b	a
19	18	d	c	d	d	c
20	19	d	b	d	a	a
21	20	c	d	d	b	c
22	21	c	c	c	b	c
23	22	b	d	a	c	b
24	23	d	a	c	d	d
25	24	a	a	d	b	c
26	25	c	a	a	a	c
27	26	c	c	b	b	c
28	27	c	b	d	b	c
29	28	c	b	a	a	b
30	29	a	d	d	c	c
31	30	a	c	d	b	d

表8-1　生徒数30名のクラスのテスト結果

　はじめに,「指定された範囲内の数値や記号などが条件に合うか否か」を判断するIF関数を使用して**表8-1**の解答を正答と誤答に変換する。その際,**表8-1**を**表8-2**のように同一シート上(別のシートでもよい)にコピーする。(コピー方法は次のとおりである。A1をクリックしてからShiftキーを押しながらF31をクリックする。次に,メニューより「編集」を選択,「コピー」をクリックし,セルI1のクリック後に「編集」の「貼り付け」をクリックする。)

	I	J	K	L	M	N
	生徒番号	問題1	問題2	問題3	問題4	問題5
	1	a	b	d	b	c
	2	b	b	d	b	d
	3	b	c	d	c	c
	4	c	a	c	a	b
	5	a	NA	d	b	c
	6	b	c	d	c	c
	7	c	c	c	b	c
	8	c	c	b	d	c
(A〜H列省略)	9	c	a	d	b	b
	10	c	b	a	a	a
	11	c	d	c	b	c
	12	d	a	d	b	c
	13	c	c	d	d	c
	14	b	b	d	a	d
	15	c	a	d	b	c
	16	c	d	b	b	c
	17	b	a	d	b	a
	18	d	c	d	d	c
	19	d	b	d	a	a
	20	c	d	d	b	c
	21	c	c	c	b	c
	22	b	d	a	c	b
	23	d	a	c	d	b
	24	a	a	d	b	c
	25	c	a	a	a	c
	26	c	c	b	b	c
	27	c	b	d	b	c
	28	c	b	a	a	b
	29	a	d	d	c	c
	30	a	c	d	b	d

表 8-2

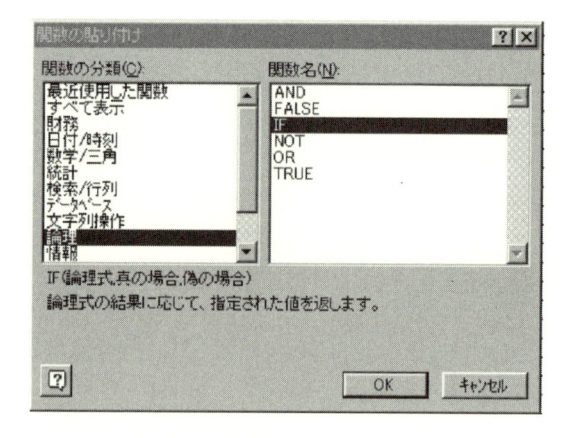

図 8-1

次に、**表8-2**のJ2にカーソルを合わせてクリックし、タスクバーの「*fx*」(関数の貼り付け) をクリックし、**図8-1**の「論理」「IF」を選択すると、**図8-2**のダイアログボックスが現れる。

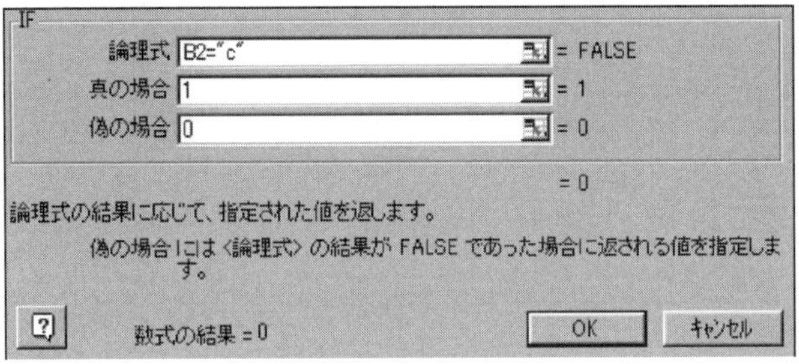

図8-2

「J2に対応するセルB2の値がc (正解) ならば1、そうでなければ0と表示する」という内容を次のように書き込む。

論理式　　B2="c"

真の場合　1

偽の場合　0

OKをクリックするとJ2に0が代入される。次に生徒1の問題1に相当するJ2を、問題2から問題5に相当するK2からN2までコピーする。その際、問題2から問題5の正答が問題1と同様cになっているので、正答がcでない問題についてはコピーした式の、正答部分"c"を問題3は"d"に、問題4は"b"に変更しなければならない。これで、生徒1の解答が、問題1－0 (誤)、問題2－0 (誤)、問題3－1 (正)、問題4－1 (正)、問題5－1 (正) に変換されたことになる。

	H	I	J	K	L	M	N	O
1		生徒番号	問題1	問題2	問題3	問題4	問題5	
2		1	0	0	1	1	1	
3		2	0	0	1	1	0	
4		3	0	1	1	0	1	
5		4	1	0	0	0	0	
6		5	0	0	1	1	1	
7		6	0	1	1	0	1	
8		7	1	1	0	1	1	
9		8	1	1	0	0	1	
10		9	1	0	1	1	0	
11		10	1	0	0	0	0	
12		11	1	0	0	1	1	
13		12	0	0	1	1	1	
14		13	1	1	1	0	1	
15		14	0	0	1	0	0	
16		15	1	0	1	1	1	
17		16	1	0	0	1	1	
18		17	0	0	1	1	0	
19		18	0	1	1	0	1	
20		19	0	0	1	0	0	
21		20	1	0	1	1	1	
22		21	1	1	0	1	1	
23		22	0	0	0	1	1	
24		23	0	0	0	0	0	
25		24	0	0	1	1	1	
26		25	1	0	0	0	1	
27		26	1	1	0	1	1	
28		27	1	0	1	1	1	
29		28	1	0	0	0	0	
30		29	0	0	1	0	1	
31		30	0	1	1	1	0	

表8-3

　次に，生徒1の問題1から問題5に相当するJ2からN2までを生徒2から生徒30（J3からN31まで）へコピーする。すると，**表8-3**ができあがる。

　この表をもとに各小問の正答率を求めていく。それぞれの問題の正答数を求めるために，合計を求めるSUM関数を使用する。

　問題1の正答数を求めるには，次のような手順で行う。

　J32のセルをクリックしておいてツールバーの「*fx*」（関数の貼り付け）をクリックすると，**図8-3**のようなダイアログボックスが現れる。「数学／三角」「SUM」を選択し，「OK」をクリックする。

次のダイアログボックス（図 8 - 4）で数値 1 の欄に「J 2 から J 31 まで」を表わす「J 2:J 31」を直接書き込むか，カーソルで J 2 から J31 を範囲選択して，「OK」する。すると，問題 1 の合計 15 が J 32 に挿入される。J 32 を K 32 から N 32 にコピーすると，問題 2 から問題 5 の正答数が求められる（表 8 - 4）。

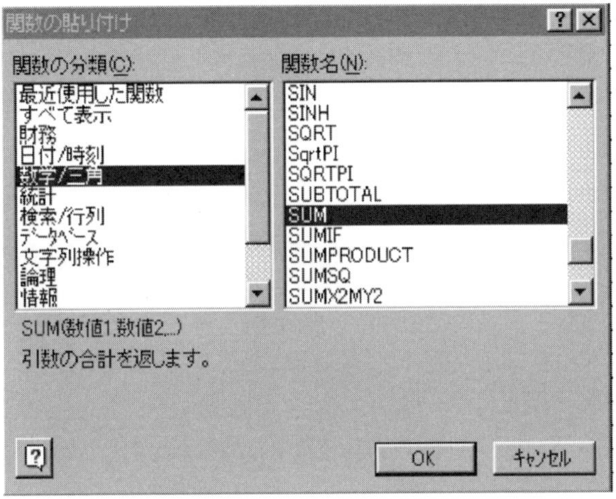

図 8 - 3

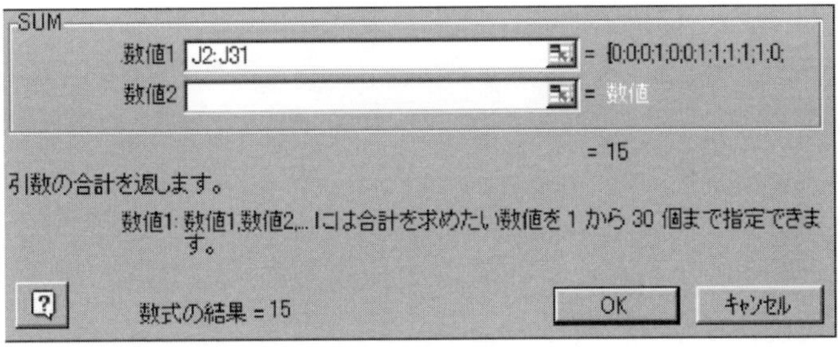

図 8 - 4

	H	I	J	K	L	M	N	O	P
1		生徒番号	問題1	問題2	問題3	問題4	問題5	正答数(生徒別)	正答率(生徒別)
32		正答数 (小問別)	15	9	18	16	19	77	
33		正答率 (小問別)	50.00	30.00	60.00	53.33	63.33	51.33	

表8-4

次に、その正答数に基づいて、正答率を算出する（表8-4）。

問題1の場合、J33のセルをクリックし、正答率を求める式、「＝J32/30*100」を書き込み、Enterキーを押すと、50.00となる。J33を問題2から問題5に相当するセルK33からN33までにコピーすると**表8-5**のようにすべての問題の正答率を求めることができる（小数以下第2位まで求める場合にはあらかじめ設定しておく必要がある）。

次に、リスニング部門の正答率を求める。はじめに、J32のセルをO32にコピーし（合計を求める）、さらにJ33をO33にコピーし、その式の一部（30を5問分150に）を変更すると（＝O32/150*100となる）、問題1から問題5までの正答数の合計（77）と正答率（51.33）が求められる。この51.33％がリスニング部門の正答率である。

また、生徒ひとりひとりについて5問の正答数、正答率（得点率）(％)を求めることによってリスニング部門の成績を得ることができる。生徒1の場合、正答数をSUM関数で求め、正答率（正答得点では正答率と得点率は同じになる）を「＝O2/5*100」の式で求めると、正答数3、正答率60.00となる。その後、O2とP2のセルを生徒2から生徒30（O3からP31）にコピーすると**表8-5**ができ上がる。

このような方法で、小問別に、大問別に、あるいは技能別に、生徒別に正答率を求めることができる。

	H	I	J	K	L	M	N	O	P
1		生徒番号	問題1	問題2	問題3	問題4	問題5	正答数(生徒別)	正答率(生徒別)
2		1	0	0	1	1	1	3	60.00
3		2	0	0	1	1	0	2	40.00
4		3	0	1	1	0	1	3	60.00
5		4	1	0	0	0	0	1	20.00
6		5	0	0	1	1	1	3	60.00
7		6	0	1	1	0	1	3	60.00
8		7	1	1	0	1	1	4	80.00
9		8	1	1	0	0	1	3	60.00
10		9	1	0	1	1	0	3	60.00
11		10	1	0	0	0	0	1	20.00
12		11	1	0	0	1	1	3	60.00
13		12	0	0	1	1	1	3	60.00
14		13	1	1	1	0	1	4	80.00
15		14	0	0	1	0	0	1	20.00
16		15	1	0	1	1	1	4	80.00
17		16	1	0	0	1	1	3	60.00
18		17	0	0	1	1	0	2	40.00
19		18	0	1	1	0	1	3	60.00
20		19	0	0	1	0	0	1	20.00
21		20	1	0	1	1	1	4	80.00
22		21	1	1	0	1	1	4	80.00
23		22	0	0	0	0	0	0	0.00
24		23	0	0	0	0	0	0	0.00
25		24	0	0	1	1	1	3	60.00
26		25	1	0	0	0	1	2	40.00
27		26	1	1	0	1	1	4	80.00
28		27	1	0	1	1	1	4	80.00
29		28	1	0	0	0	0	1	20.00
30		29	0	0	1	0	1	2	40.00
31		30	0	1	1	1	0	3	60.00
32		正答数(小問別)	15	9	18	16	19	77	
33		正答率(小問別)	50.00	30.00	60.00	53.33	63.33	51.33	

表8-5

2 レーダーチャートの作成

2-1 レーダーチャートとは何か

　レーダーチャートとは，項目ごとに中心から放射状に伸びた数値軸上の値が線で結ばれることによってできる多角形のグラフのことである。したがって，1項目および2項目からなるデータでは作成することはできない。多角形の形状（陥入状態）で項目間のバランスや弱点などの特徴を視覚的に把握することができる。

実用英語技能検定（英検）2級1次試験の受験者には結果として，**表8-6**にあるように，リスニング2項目，筆記4項目の計6項目の点数と得点率が通知される。得点率は棒グラフで表わされていて受験者にはたいへんわかり易い。項目により満点が異なるため，**表8-6**を得点率に換算し，**表8-7**を作成した。

	文法・語い・熟語	読解(空所補充)	読解(内容把握)	リスニング(会話文)	リスニング(一般文)	作文
生徒1	5	6	4	4	2	4
生徒2	6	2	3	6	4	2
生徒3	9	2	3	3	2	3
生徒4	5	1	3	5	2	1
生徒5	12	6	7	7	6	3
生徒6	13	5		6	4	2

表8-6

	文法・語い・熟語	読解(空所補充)	読解(内容把握)	リスニング(会話文)	リスニング(一般文)	作文
生徒1	20	60	40	40	20	80
生徒2	24	20	30	60	40	40
生徒3	36	20	30	30	20	60
生徒4	20	10	30	50	20	20
生徒5	48	60	70	70	60	60
生徒6	52	50	0	60	40	40

表8-7

　棒グラフの代わりに多角形で示したものがレーダーチャートである。**図8-5**は英検2級1次試験を受験した生徒5の成績（表8-7）により作成したものである。生徒5のこのレーダーチャートから，この生徒5は，6項目に関しては比較的バランスがとれていることがわかる。

　このように，成績やテストの結果や点数を知らせるだけでなく，技能別，観点別にレーダーチャートで示すと生徒には自分の弱点が一目瞭然となり，その後の学習の方向づけができるであろう。

　また，生徒ひとり分の成績だけでなく，クラス平均や学年平均などを取り込むと，グラフ上で比較することができる。**図8-6**

は生徒1と受験グループ平均の2種を取り込んで作成したものである。このレーダーチャートから，生徒1は「リスニング（会話文，一般文とも）」と「文法・語い・熟語」の得点率がグループの平均より低く，この生徒の弱点であることが一目瞭然である。

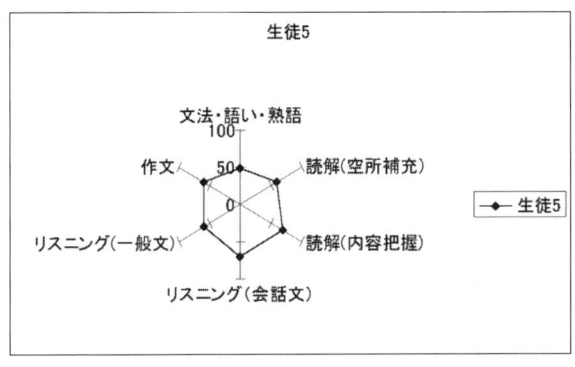

図8-5　生徒5のレーダーチャート

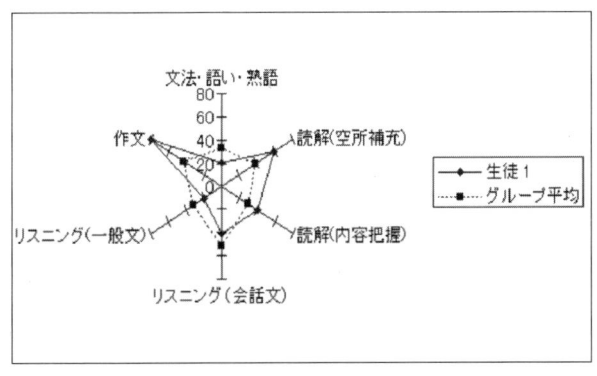

図8-6　生徒1とグループ平均のレーダーチャート

第8章　生徒に弱点を知らせたい —— 115

2-2 レーダーチャートの作成

表8-8により、4技能別の英語の成績をレーダーチャートで表わしてみる。

	A	B	C	D	E
1		Listening	Speaking	Reading	Writing
2	401301	29	19	20	26
3	401302	37	18	16	22
4	401303	19	14	12	16
5	401304	28	17	16	20
6	401305	39	21	22	26
7	401306	32	11	20	26
8	401307	10	7	4	10
9	401308	28	31	18	18
10	401309	28	23	16	16
11	401310	30	14	10	14
12	401311	30	19	14	20
13	401312	36	25	24	22
14	401313	30	21	16	18
15	401314	21	13	4	16
16	401315	22	6	14	18
17	401316	25	22	8	2
18	401317	20	18	14	18
19	401318	35	15	22	18
20	401319	36	24	28	28
21	401320	26	9	8	8

表8-8

はじめに、メニューの「挿入」から「グラフ」を選択する（図8-7）。その後は、ダイアログボックスの質問に答えながら進めていく。はじめに、グラフの種類として、「レーダー」を選択し、その中の3種類の形式から1種を選択して（図8-8）、「次へ>」をクリックする。

図8-7 「グラフ」を選択

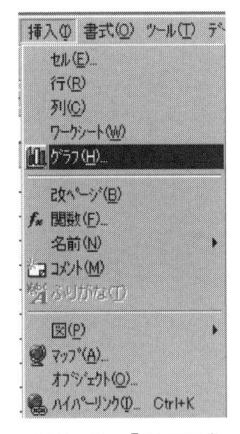

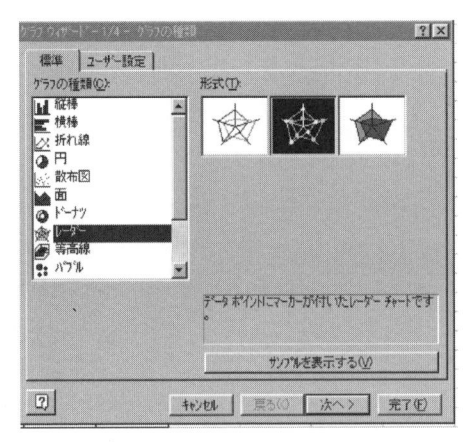

図8-8 「レーダー」を選択

「グラフの範囲」(A1からE2 (A1:E2)),「系列」を「行」と指定し,「次へ>」をクリックする(図8-9)。

次に,「タイトルとラベル」や「目盛り線」などを指定し,「次へ>」をクリックする(図8-10)(ここでは見やすくするために目盛線,凡例は削除した)。

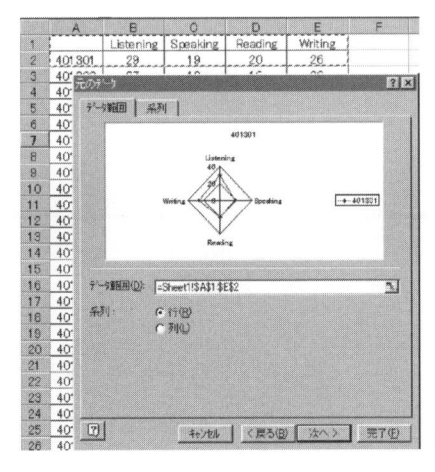

図8-9

第8章 生徒に弱点を知らせたい —— 117

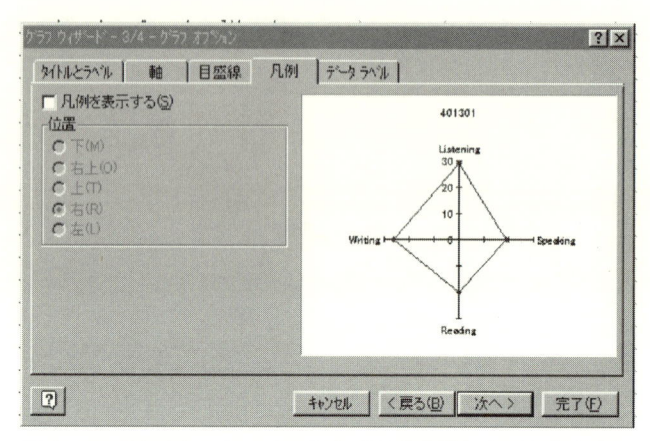

図8-10 「タイトルとラベル」や「目盛り線」などを指定する

　最後に，レーダーチャート作成先（表と同じシート上か別のシート上かの選択）を指定すると，図8-11のような401301の学生のレーダーチャートが完成する。

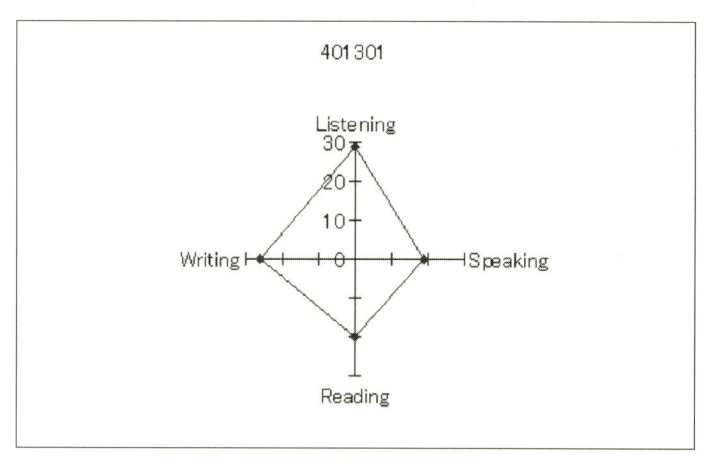

図8-11

なお，**表8-9**の2番目以降の生徒のレーダーチャートを作成する際には，データ範囲を次のように指定する。

はじめに，A1をクリックした後，Shiftキーを押しながらE1をクリックする（項目名が選択される）。次に，Ctrlキーを押しながら生徒番号のセル（たとえばA6）をクリックして，その行の最後のデータのあるセル（E6）をShiftキーを押しながらクリックする（データが選択される）。

すると，**表8-9**に示すように，1行目と6行目が選択されて5番目の生徒401305のレーダーチャートのデータ範囲として入力される。

	A	B	C	D	E
1		Listening	Speaking	Reading	Writng
2	401301	29	19	20	26
3	401302	37	8	16	22
4	401303	19	14	12	16
5	401304	28	17	16	20
6	401305	39	21	22	26
7	401306	32	11	20	26
8	401307	10	7	4	10
9	401308	28	31	18	18
10	401309	28	23	16	16
11	401310	30	14	10	14

表8-9

以上のように，レーダーチャートは生徒個人の弱点を見出すことを目的としているので，クラス，あるいは学年全員にそれぞれのレーダーチャートを作成し，配布することに意味がある。それをするには生徒の人数分，これらの作業を繰り返さなければならない。多忙であるといわれる英語教師に生徒全員分のレーダーチャートを作成するだけの時間を割くことはなかなか困難であると思われる。

そこで，生徒の指導のために是非試みようという意欲的な教師のために，Visual Basic「マクロコード」を使用して，ここで作

成した4技能（4項目）のレーダーチャートを必要な生徒数分，自動的に作成し，印刷するプログラムを公開している。http://www.ne.jp/asahi/eca/hamaoka/ からダウンロードすれば使用することができるので，参考にしていただきたい（図8-12・13）。

図8-12

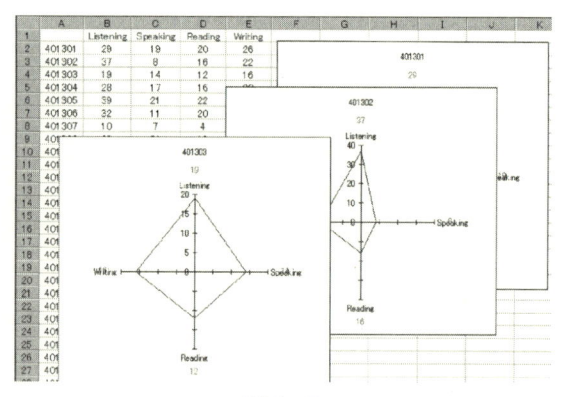

図8-13

9 成績が伸びているか否かを知りたい

1 偏差値による判断

1-1 偏差値の長所

　同一の集団内で，ある個人のテストの得点などの位置を示すために便利なものが偏差値である。

　テストごとの成績は問題の難しさや生徒の出来，不出来により変化するので，その点数の変化を追っても集団内の位置を特定できない。そこでこの位置を比較しやすくするための値として偏差値という値が用いられるようになったのである。

　偏差値は，個人の成績の位置が平均点50を中心として，どの程度上下に離れているかを示すものである。これはテストの難しさなどによる変動にかかわらない。

　図9-1は偏差値がどのように分布するかを示すものである。もとになる得点がどのようになっていようと，偏差値で表わすと図9-1の分布に収まる形に変形されると考えるとよい。偏差値50から55までの者は100人中19.2人，70から75までの者は1.7人，70以上の者は2.2人という形で分布することがわかる。

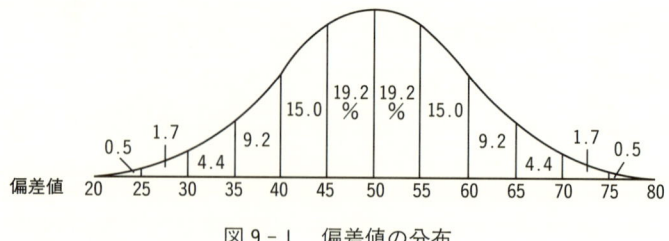

図9-1 偏差値の分布

1-2　偏差値の短所

　「偏差値」ということば自体のマイナスイメージが偏差値の短所の第一である。「受験戦争」とか「偏差値信仰」などという手垢がついたことばのイメージだけでなく，偏差値そのものが人間の価値を示すかのような幻想が一人歩きしている。

　第二の問題点は，逆説的ではあるが，長所にあげた「偏差値は同一集団内の位置を示すもの」である，という点である。これは，うらがえせば集団が異なればその値は比較ができない，ということである。

　例をあげてみよう。A，B両高校で同一のテストを行ったと仮定する。A高校の成績とB高校の成績を別々に処理したところ，A高校のA1君は偏差値70，B高校のB1君も偏差値70であったとする。しかし，2人の偏差値が同じであってもB1君はA1君と同じ成績であるとは言えないのである。

　この両高校の成績全体をまとめて処理すれば，同一集団内で処理したことになるので比較は可能であり，同じ偏差値であれば，成績は同じということができる。

　所属する集団が違えば尺度が異なってくるのである。もちろん，偏差値を算出する基となるテストそのものが異なっていると全く比較できないのは言うまでもない。

2 偏差値の算出

さて実際に偏差値を算出し、その結果を吟味してみよう。

次の**表9-1**は5回の試験による得点を示すものである。左側が素点、右側が偏差値を算出したものである。これらを用いて各生徒の1年間の学習状況を把握することができる。偏差値をもとにした分析であるので実力がついたか否かではなく、この集団の中でどのように成績が推移したかを検討していることに注意したい。このデータによって各人の努力の様子が見られるので、指導上の参考資料とすることができる。

	A	C	D	E	F	G	H	I	J	K	L
1	CODE	1中間	1中間	1期末	1期末	2中間	2中間	2期末	2期末	3学期	3学期
2	3101	52	46.8	37	46.8	70	54.9	68	53.6	59	50.7
3	3102	53	47.8	38	47.6	46	40.8	46	42.1	54	47.7
4	3103	58	52.7	40	49.1	66	52.5	50	44.2	56	48.9
5	3104	64	58.7	58	63.2	67	53.1	64	51.5	79	62.5
6	3105	56	50.7	31	42.1	43	39.0	46	42.1	44	41.8
7	3106	56	50.7	27	39.0	47	41.4	51	44.7	44	41.8
8	3107	36	30.9	19	32.8	37	35.5	32	34.8	36	37.1
9	3108	54	48.8	49	56.1	60	49.0	72	55.7	63	53.1
10	3109	59	53.7	27	39.0	52	44.3	54	46.3	34	35.9
212	3632	48	42.8	34	44.5	46	40.8	49	43.7	38	38.3
213	3633	54	48.8	59	63.9	77	59.0	79	59.3	71	57.8
214	3634	42	36.8	26	38.2	30	31.4	38	38.0	28	32.4
215	3635	60	54.7	52	58.5	73	56.7	56	47.3	47	43.6
216	3636	53	48.8	30	41.4	50	43.1	32	34.8	48	44.2
217	3637	46	40.8	38	47.6	60	49.0	50	44.2	54	47.7
218	平均	55.26		41.11		61.7		61.1		57.83	
219	標準偏差	10.06		12.84		17.00		19.2		16.92	

表9-1 5回の試験による得点と偏差値

≪手順≫

偏差値の算出には平均と標準偏差が必要である。

(1) 平均点と標準偏差を算出する

まず素点の最下行に「平均」、と「標準偏差」を算出する。

平均：C 218 を選択し *fx* のボタンから「統計」,「AVERAGE」の順に選び、「範囲」にC 2 からC 217 を選択し、OK をク

リックする。

標準偏差：C 219 を選択し，*fx* のボタンから「統計」，「STDEVPA」の順に選び，「範囲」にC 2 からC 217 を選択し，OK をクリックする。

STDEVPA[1]は標準偏差を計算する関数である。

これで1中間については処理が終わった。あとは，C 218, C 219 の2つのセルをコピーし，各テストの素点の下，E，G，I，K 列の最下行（218，219 行）に貼り付ける。

これで各テストの平均点と標準偏差が算出される。

(2) **偏差値の欄に式を入れる**

偏差値は次の式で計算する。

$$偏差値 = \frac{もとの評点 - 平均点}{標準偏差} \times 10 + 50$$

これを Excel の式で表わすと，D 2 の値（3101 番の生徒の1学期中間テストの得点の偏差値）を計算するための式は，

＝＋((C2−C\$ 218)/C\$ 219)＊10＋50 となる。

C 2 はもとの評点，C 218 は平均値，C 219 は標準偏差である。この2つのセルの数字部分についている「＄」は絶対座標を示し，D2 の式を D3，D4…とコピーしていっても変化しないようにしている。これが変化してしまうと平均，標準偏差の値が参照できなくなるので，必ずつけることを忘れてはならない。

さて，後は，D 2 のセルの式を D 217 までコピーすれば1中間については処理が終わる。後は他の偏差値のセル（F 2〜F 217，H 2〜H 217，J 2〜J 217，L 2〜L 217）に D 2 の式をコピーすれ

---

[1] STDEVPA 引数を母集団全体と見なして，標準偏差を計算する関数。

ば，偏差値が計算され，表9-1ができ上がる。

さて，偏差値が算出されても数字ばかりで状況を把握しにくい。そこで，M列に「=+L2-D2」(「3学期の偏差値」-「1学期中間の偏差値」)を入れてみよう(表9-2)。1学期中間よりも3学期のテストが良かった場合には正の数，悪かった場合には負の数が表示される。さらにこの列をもとにソートすると，1学期のはじめからもっとも順位が低下したものから，最も上昇したものまでが並ぶことになる(表9-2)。

問題になるのは上位と下位群であるなら，その部分の成績の動きをグラフにしてみるとよい。

	A	D	F	H	J	L	M
1	CODE	1中間	1期末	2中間	2期末	3学期	差
2	3206	28.0	28.9	30.2	28.6	53.6	25.6
3	3610	25.0	32.8	34.3	43.2	49.5	24.5
4	3528	-4.7	18.0	13.7	18.2	15.8	20.5
5	3411	45.8	59.3	61.4	55.2	65.5	19.6
6	3622	33.9	52.3	53.2	44.2	51.9	17.9
7	3128	29.0	41.4	45.5	45.3	45.9	17.0
8	3322	39.9	52.3	54.3	57.3	56.0	16.1
9	3310	22.1	37.5	32.6	41.1	37.7	15.6
10	3510	30.0	36.7	36.7	35.9	43.6	13.6
211	3614	53.8	59.3	47.9	52.6	38.9	-14.9
212	3616	59.7	55.4	45.5	48.9	44.8	-15.0
213	3618	62.7	64.0	67.3	68.2	51.9	-10.8
214	3620	55.8	59.3	50.2	35.4	42.4	-13.4
215	3626	61.7	56.2	51.4	47.9	50.7	-11.0
216	3629	49.8	41.4	37.9	33.8	37.1	-12.7
217	3635	54.8	58.5	56.7	47.4	43.6	-11.2

表9-2 変化の値(M列)でソートし，得点の欄を非表示にした表(グラフを作成するときにはM列も非表示にする)

3 偏差値の変化のグラフ

　表9-2は217名の成績の変化を偏差値の部分だけ表示し，変化の値でソートしたものである（便宜上，表の中間部分を非表示にしてある）。これをもとに変化の折れ線グラフを作成してみよう。ここでは上昇したものと下降したものの両方をグラフにする。

　表9-2で反転している範囲（A 7～L 216）を選択し，「グラフボタン」を押す。するとグラフ形式の指定ができる画面になるので，そこで折れ線グラフの形式を選択し（図9-2），「次へ＞」をクリックする。「グラフの元データ」で「系列」は「行」を選ぶ（図9-3）。「次へ＞」をクリックし，「グラフオプション」では「タイトルとラベル」のタグを開いて適当な名前をつけておく。後は「完了」をクリックすれば求める折れ線グラフができあがる（図9-4）。

　できたグラフのハンドル（上下左右にある黒い四角いもの）をマウスで引っ張れば大きさが自由に変わるので，見やすい形にして変化の様子を観察できる。

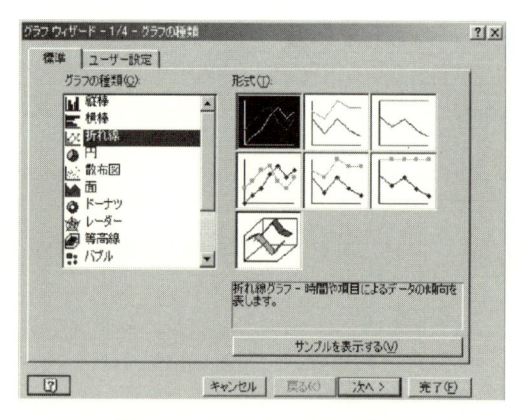

図9-2　グラフの種類を設定

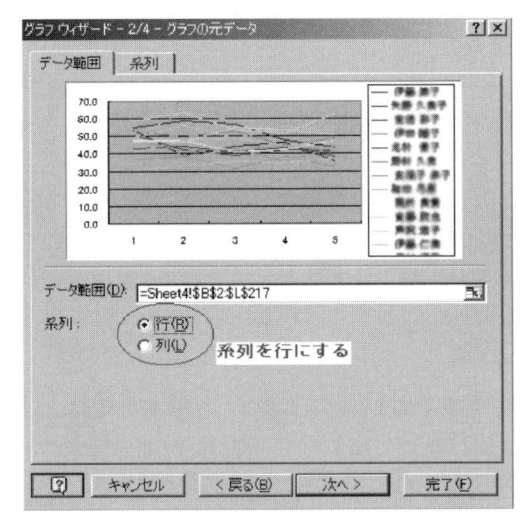

図9-3 「グラフの元データ」で系列の指定

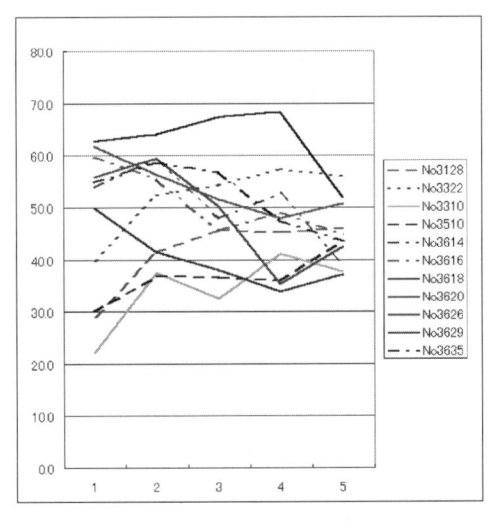

図9-4 偏差値の変化のグラフ

4 観察結果の利用

 このようなグラフを用いれば，現在の偏差値が同じであってもどのような経過をたどってきたかが一目瞭然となる。この結果とクラスや個々の生徒の観察記録をもとにして，クラスの学習状況，個人の努力の様子などを読みとり，指導に役立てることができる。

 偏差値は全体と個人の関わりを示すものであるから，こうした表において数値が上昇していても，学力の向上や努力の結果と解釈してはならないことに注意したい。個人がいくら勉強しても，他の生徒も同様に勉強し学力をつけている場合には，偏差値の向上は望めない。反対に勉強をしなくても，他の生徒が怠けていれば偏差値が上がることもあり得るのである。

 他の情報とつきあわせて判断する必要がある。

10 教師の反省材料を得たい
——正解率，問題の偏り，項目分析

　テスト問題の作成，実施，採点，集計，評価，と教師には仕事が多く，問題の良否や生徒ひとりひとりの学習の度合いまで分析する時間が確保できないのが実状である。しかし，定期テスト問題とその結果を評価することで，それらを知ることができる。

1 生徒の能力の分析

　表10-1はある年度の都立高等学校の入試問題の解答状況について分析したものである。横1列が1人の生徒の解答状況を表わし，CODEは生徒の番号である。右に行くにしたがって正答数が多くなるように並べてある。また縦1列が1つの問題の回答状況を示している。下に行くにしたがって正答数が多くなるように並べてある。右端は生徒の正答数，下端は各問題の正答数である。0・1は1つの問題に対する反応を表わす。1が正答，0が誤答である。（この表の作成手順は後記する）

　これを見ると，どの程度の成績の生徒がどの問題を間違えているか，また，どの問題がどのくらいの成績の生徒に解けるかということが一目で読み取れる。また，問題の良否，たとえば成績の良い生徒でも成績の悪い生徒でも間違える問題，成績が良くても間違える問題などが明確になる。

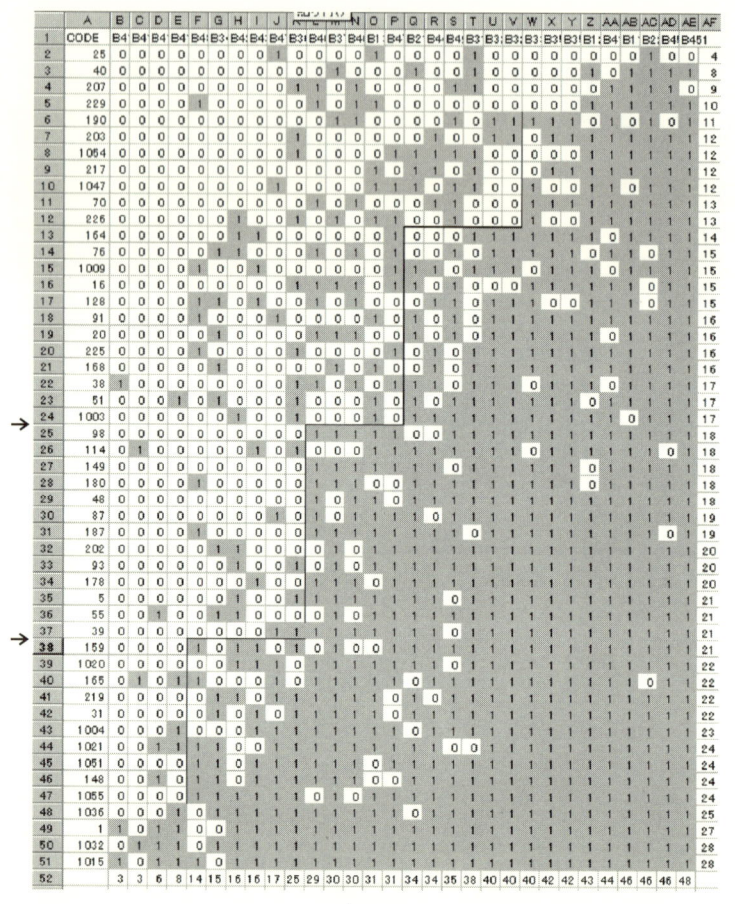

表10-1

問題と生徒の成績の関係を調べる方法にはSP表という方法がある。これは1970年代に佐藤隆博によって開発され，教育の測定と評価に利用されるもので，この表はその原形と言えるものである。詳しくは後述の参考文献を参照されたい。

この表は単純な操作で作成でき，しかもSP表とほぼ同じ結果を得ることができる。この表に表わされたものを読み取るには，この表を生成した過程を考えるとわかりやすい。

右に行くにしたがって正答数が多くなるように並べてあるのであるから，表の右側に行くにしたがってより易しい問題であるとわかる。また，下に行くにしたがって正答数が多くなるように並べてあるのであるから，表の下方にいる受験者ほど得点が高いことになる。これに問題のポイントを分析し，付け加えることにより，正誤と問題の関係がわかることになる。

2 分析の視点

解答状況に階段状のところが見える。線が引いてある部分でいくつかの集団を形成していることがわかる。CODEが98番の生徒と159番の生徒のところでそれぞれ下位〜中位と中位〜上位の分岐点になっていると観察される。問題分析（濱岡，1996，p. 137 参照）と照らし合わせると，この表で表わされたサンプルの生徒集団では，上位と中位を分ける文法項目は接続詞，中位と下位を分ける文法項目は不定詞ということであった。

正解が多い中で誤答の0が見受けられるのは，生徒の面から見ると弱点であるかケアレスミスであり，問題の面から見ると高得点者の中にある誤答は学習が進んでいない項目である。また，低得点者でも解答できている項目，または解答にばらつきがある問題は何らかの不具合があるものと考えられる。

3 得点状況と生徒の得点との関係を示す表の作成

作成法の説明を簡便にするために生徒6名，問題数6問の単純

な表を用いて行う。

次の表がもとの成績表である。生徒の氏名の横に解答状況が示される。1は正解，0は誤答を示している。

	A	B	C	D	E	F	G	H
1	原票							
2	CODE	問1	問2	問3	問4	問5	問6	合計
3	生徒1	1	0	1	0	1	0	3
4	生徒2	1	1	0	1	1	1	5
5	生徒3	1	1	1	1	1	1	6
6	生徒4	1	1	1	0	0	0	3
7	生徒5	1	0	1	0	0	0	2
8	生徒6	1	1	1	0	1	0	4
9	合計	6	4	5	2	4	2	

表10-2

まずこの表のA2〜H8までを選択し（9行目は含めてはならない），**生徒の得点合計で並べ替える**。並べ替えたものが図10-3である。

CODE	問1	問2	問3	問4	問5	問6	合計
生徒5	1	0	1	0	0	0	2
生徒1	1	0	1	0	1	0	3
生徒4	1	1	1	0	0	0	3
生徒6	1	1	1	0	1	0	4
生徒2	1	1	0	1	1	1	5
生徒3	1	1	1	1	1	1	6
合計	6	4	5	2	4	2	

表10-3　1回目の並べかえ（生徒の得点合計で並べ替える）

できた**表全体**を別の場所（大きな表の場合は別のシートに）へコピーする。この際単純にコピーするのではなく，コピーすると

きに,「編集」メニューから「形式を選択して貼り付け」を選ぶ(図10-1)。

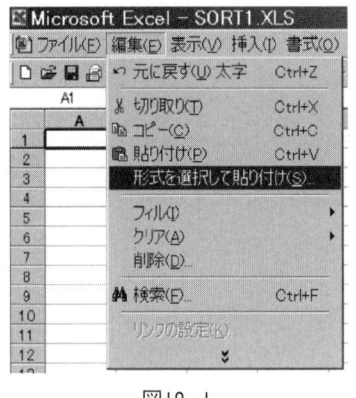

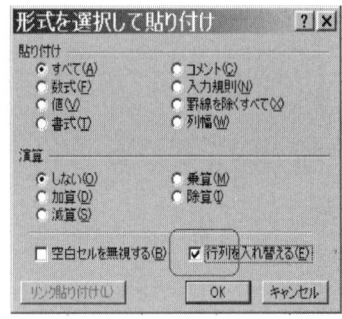

図10-1

図10-2 「行列を入れ替える」にチェックする

次に「行列を入れ替える」を選んで,OK をクリックする(図10-2)。

CODE	生徒5	生徒1	生徒4	生徒6	生徒2	生徒3	合計
問1	1	1	1	1	1	1	6
問2	0	0	0	1	1	1	4
問3	1	1	1	1	0	1	5
問4	0	0	0	1	1	0	2
問5	0	1	0	1	1	1	4
問6	0	0	0	0	1	1	2
合計	2	3	3	4	5	6	

表10-4 行列を入れ替えて貼り付け

この表をさらに問題の得点合計で並べ替える。網のかかった部分を選択し,「データ」から「並べ替え」を選択し,そのダイア

ログボックスの「合計」を選び，OK をクリックする。すると次の**表10-5**ができあがる。

CODE	生徒5	生徒1	生徒4	生徒6	生徒2	生徒3	合計
問4	0	0	0	0	1	1	2
問6	0	0	0	0	1	1	2
問2	0	0	1	1	1	1	4
問5	0	1	1	1	0	1	4
問3	1	1	1	1	0	1	5
問1	1	1	1	1	1	1	6
合計	2	3	3	4	5	6	

表10-5 さらに並べ替える（問題の合計で並べ替える）

できあがったこの表では，右に行くほど高得点の生徒，下に行くほど正答数の多い問題という形に並べ変わっている。

さらに SP 表のように境界をはっきりと示す操作をしてみよう。

0 と 1 が記入してあるデータの部分を選択し，この部分に条件付き書式を設定する。条件付き書式とは，セルの値により文字のフォントを変えたり，背景色を変えたりするものである。

次の手順を踏む。

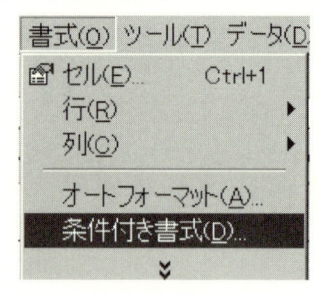

図10-3 条件付き書式

指定する範囲を選択した後，「書式」より「条件付き書式」を選ぶ。

図10-4　条件付き書式の設定

「条件1」に「セルの値が」,「次の値に等しい」を選び,その右の値の欄に1を書き込む。さらに「書式」のボタンをクリックする。

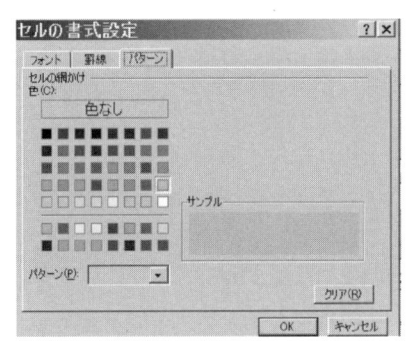

図10-5　セルの書式を決める

図10-5のように「パターン」のタグを選択し,色を選択する。本書では灰色を選んでいる。OKをクリックすれば次ページの**表10-6**のように色分けされる。

この表では,白地の部分（0のセル）が,生徒の弱点あるいは設問自体の問題点を示すことになる。

このように,2回の並べ替えの操作をするだけで問題自体の弱点と生徒個人の問題点を明らかにすることのできる表ができあがるのである。

CODE	生徒5	生徒1	生徒4	生徒6	生徒2	生徒3	合計
問4	0	0	0	0	1	1	2
問6	0	0	0	0	1	1	2
問2	0	0	1	1	1	1	4
問5	0	1	0	1	1	1	4
問3	1	1	1	1	0	1	5
問1	1	1	1	1	1	1	6
合計	2	3	3	4	5	6	

表10-6

4 問題点

この表の長所は前に述べた通りであるが,問題点もある。

(1) **問題の分析に手間がかかる**

問題を作成するときに,その問題が何を問うているかについて考え,それを各問題の原稿を作るときに明記しておくとよい。

(2) **各問題の正誤情報をとるのに手間がかかる**

解答用紙に各問題の正誤欄を作り,書き入れる。また,生徒に返却した後,各欄に正誤を書き入れさせ,回収する方法もある。また,マークシートを利用すれば,その手間はいらない。

以上の問題点を克服する手段を講じておけば,良い問題作成のための情報と生徒の指導に役立つ資料が試験の実施ごとに入手できる。

SP表は手間がかかること,またかなり地道な実践を伴うことからあまり人気があるとは言えない手法ではあるが,生徒のために,また教師自身の自己啓発に役立つものといえる。

なお，Excel での処理が難しいと考えるむきは，SP 表作成用のソフトウェアをインターネット上で検索すれば，いくつかフリーのものが見つかる。また，下記のような参考書が多数出版されているので興味のある方は手に入れていただきたい。

佐藤隆博著の『SP 表の作成と解釈　授業分析・学習診断のために』，『SP 表の入門』，『SP 表の作成と解釈』，『SP 表の活用（小学校編）』，『SP 表の活用（中学校編）』，『SP 表の活用（高等学校編）』（以上，明治図書），『教育情報工学入門』（コロナ社），『情報化時代における教師の力量向上』（NEC 日本電気文化センター）のほかに，濱岡美郎（1996）「Communication 能力向上の試み」『日本商業学会論集』（pp. 22-34）も参照されたい。

11 ネイティブの採点基準を知りたい
——ネイティブ・スピーカーなら大丈夫？

1 評価のズレ

　英語の評価をする際にネイティブ・スピーカーを用いることがある。その際，一般にネイティブ・スピーカーなら正確な評価をできるのではないかという「思いこみ」があるのではないだろうか。

　この「思いこみ」が正しいかどうかを確かめるために，あるスピーチの評価がどのように行われるかを見てみよう。

図11-1

図11-1のグラフは，実際の高校生のあるスピーチコンテストにおいて得られたスピーチ部門の評価である。A～Dの4人のネイティブ・スピーカーがジャッジとして，15人の参加者のスピーチを「English」という観点から評価したものである。
　このデータを観察すると，

(1) 各評価者が同一の参加者に異なる評点を与えている。
(2) 評価者の評点には振幅の大きいものと小さいものがある。
(3) それぞれの評価者の評点は異なる動きをしている。しかしその中にはある一定の傾向がある。
(4) (3)の傾向があるにも関わらず，その傾向に反する動きの評価者もいる。

などに気がつく。
　(1)については評価者間に違いがあるのは当然であるが，(3)，(4)の点が問題になる。なぜこのようなことが起こるのであろうか。また評価においてこのような現象を調整し処理していく方法はあるのだろうか。また，(2)についてはどのように対処すべきなのだろうか。
　Brown (1996)[1]はテストの測定結果に誤差をもたらす因子として環境，実施方法，受験者，採点方法，テスト本体およびテスト項目などを挙げているが，ここで主に問題となるのは採点方法にかかわる評価者の特性である。

---

1) Brown, J. D. (1996). *Testing in language programs*. NJ: Prentice Hall.

1-1 評価の信頼性

これらの問題は評価の信頼性の中でも評価者内信頼性（1人の評価者は常に同じような評価をしているか），評価者間信頼性（他の評価者と同じような評価をしているか）に関係する。

まず肝要なのは評価基準である。このデータを得た際の基準は次のようなものである。

English (grammar, vocabulary, pronunciation)　　　40%
Delivery　　　30%
Contents (the point of an argument and composition)　30%

このほかには細かい基準は与えられていない。

1つ目の問題点は，評価ポイント「English　40%」の中にあるgrammar, vocabulary, pronunciationの得点配分が明記されていないことである。これが各評価者間で振幅の差を生む一因となっていると考えられる。

これを解決するには配点を仔細に示すことも考えられるが，評価にかけられる時間に限りがあるので，適当なところにとどめないと評価自体ができない可能性も出てくる。

2つ目は評価基準が言葉で示されることである。言葉で示される以上その解釈は評価者に任される。必ずしも評価者間で用語の概念や尺度が一致しているわけではないので，判断の基準はばらついてしまう。

さて，(3)と(4)の点であるが，注意すべき点は23番から30番の参加者に対する評価がA，CとB，Dの評価者によってかなり違うことである。ことにCの評価者は他とはかなり異なった評点を与えている。

1-2 評価の要素

ここで，評価項目の「English」に含まれると考えられる客観的に測定できる要素を挙げてみよう。

客観的に測定，あるいは推定できるテキストの要素としては，リーダビリティを示す推定値，総語数，平均語長，平均文長，平均パラグラフ長，100語あたりの音節数，T-unit長（文構造の複雑さを示す指標。1つの文構造の中に従属節が含まれていると文が長くなり，複雑な文となる。この長さを測り，指標とする）などが考えられる。

次に語彙の要素としては，語の難しさ（*Cambridge English lexicon* (1980)[1]等のレベル分類による），Lexical Density（またはType Token Ratio：文中にある異語数（type）と総語数（token）の比を示す率。異語が多いと難しいと考えられる）などが考えられる。

また，音声の要素は，時間的な要素として，テキスト中のポーズ数，秒あたりのシラブル数，話す早さ（wpm：words per minute）など，また音韻の要素は客観的に測定するのは難しいが，発音，リズム，イントネーション等があげられる。

1-3 実際に評価される要素

濱岡 (1995)[2]はスピーチコンテストのデータをもとに，評価者の評価と客観的に評価可能なスピーチの各要素の相関係数を算

---

1) Hindmarsh, R. (1980). *Cambridge English lexicon*. Cambridge: Cambridge University Press.
2) 濱岡美郎 (1995) An Analysis of Factors which Affect Human Subjective Evaluation of Speeches in a Speech Contest（『早稲田大学教育学研究科紀要』別冊3号）

出している。

評価と相関を示すものは，発音の誤りの数，平均ポーズ長，リズムの誤りの数，文中の平均語数，Lexicon にない語数，平均 T-unit 長，リーダビリティスコア (Flesch-Kincaid Grade Level)，単位時間内のポーズ数，単位時間内のシラブル数などである。

また，評価者によって反応が異なること，日本人評価者とネイティブ・スピーカーの評価者の違いは個人差ほどではないと述べている。

1-4 ACTFL の評価基準

American Council on the Teaching of Foreign Language (ACTFL) では言語運用能力の面接試験を実施しているが，その指針の一部は次のようなものである。

Intermediate Mid

Speakers at the Intermediate-Mid level are able to handle successfully a variety of uncomplicated communicative tasks in straightforward social situations.

Conversation is generally limited to those predictable and concrete exchanges necessary for survival in the target culture; these include personal information covering self, family, home, daily activities, interests and personal preferences, as well as physical and social needs, such as food, shopping, travel and lodging.

お読みいただくとお分かりのように，すべての基準は言語で規

定されている。これを具体化し，実際に受験者を評価するのは評価者である。この ACTFL では，評価者の訓練と評価者自身に対する評価を通して評価の妥当性を保とうとしている。しかし，言語で規定された基準のもろさはどこまでもついて回るのである。

2 相関

このようなデータの関係を表わすには相関関係を用いるのがつごうがよい。

A～Dの評価者の評価点が**表**11-1のようであるとする。この表だけを見ているのでは，それぞれの評価者の評点の間に何らかの関係があることを見て取ることは難しい。しかし，ここで評価者間の相関係数を算出すればその関係を見いだすことができる。

相関の総当たり戦をしたもの（表11-2）を見ると，評価者間の評価の傾向が似通っている程度がわかる。

表11-2はそれぞれのジャッジの採点の相関を表わしている。A対BとB対Dについてはかなり相関関係があると言えるが，他の対にはあまり相関が見られない。

2-1 相関関係

2つの変量の間に，一方が増加すれば他方も増加する，または一方が増加すれば他方が減少するという関係が見られるとき，両者の間に（前者では正の，後者では負の）相関関係があるという。正の相関は体重と身長の関係に，負の相関関係は物価と供給量などにみられる。

教科のテストの得点では英語と国語，数学と理科などに相関がみられることが多い。

	A	B	C	D	E
1	NO	A	B	C	D
2	3	35	37	35	32
3	13	20	30	33	30
4	14	35	37	34	31
5	16	20	30	24	27
6	20	25	31	25	29
7	23	20	33	20	30
8	26	18	33	18	32
9	28	15	32	22	30
10	30	35	37	23	32
11	33	20	32	23	30
12	35	20	37	22	31
13	38	30	36	22	30
14	40	25	37	23	31
15	41	30	36	24	31
16	44	25	35	27	31

表11-1

20		A	B	C	D
21	A	1.00	0.70	0.51	0.43
22	B		1.00	0.12	0.72
23	C			1.00	0.11
24	D				1.00

表11-2

(1) **相関係数**

2つの変量または現象の間に何らかの相関的関係があると考えられる時，その関係の程度を量的に表現する数学的係数である。記号は r で表す。r は－1から＋1の値をとり，正なら正の相関関係，負なら負の相関関係があることを示す。＋1または－1

に等しければA，Bの間に直線関係があるという。

相関係数は以下の式で求める。

$$\text{AとBの相関関係} = \frac{(\text{AとBの共分散})}{\sqrt{(\text{分散A}) \times (\text{分散B})}}$$

(2) 共分散

変数Aについての偏差と変数Bについての偏差をかけ合わせ，その平均を考えることができる。これは，AとBの共分散とよばれる。

(3) 分散

平均と各データの差を偏差と呼ぶ。偏差の2乗を合計し，データ数で割ったものが分散である。

これはデータの散らばり具合を示している。分散は以下の式で求める。

$$\text{分散} = \frac{\{(\text{偏差})^2 \text{の合計}\}}{(\text{標本数})}$$

Excelを用いて計算するには，関数を用いる方法と計算式を自分で組み立てて計算する方法があるが，統計の勉強のためには計算式を自ら組み立てた方が理解がしやすい。次ページ**表11-3**に簡単な例を挙げた。2変数X，Yはそれぞれデータを5つ持っている。式を組み立てるのに必要な列は**表11-3**に示してあるので，実際に入力して計算をし，確かめていただきたい。データのある表の部分はもう入力できると思う。

Excelの関数を用いる方法も，併記してある。その場合，分散VARP( )，共分散COVAR( )，相関係数CORREL( )の3つの関数は *fx* ボタンより範囲指定をして入力する。範囲は式を参照されたい。

	A	B	C	D	E	F	G	H
1		データ	データ	偏差	偏差²	偏差	偏差²	(X−平均)×(Y−平均)
2		X	Y	X−平均	(X−平均)²	Y−平均	(Y−平均)²	(X−平均)×(Y−平均)
3		1	1	−2	4	−2	4	4
4		2	2	−1	1	−1	1	1
5		3	3	0	0	0	0	0
6		4	4	1	1	1	1	1
7		5	5	2	4	2	4	4
8	合計	15	15	0	10	0	10	10
9	平均	3	3	0	2	0	2	2
10								
11	分散	2	2				共分散	2
12	分散 (Excel)	2	2				共分散 (Excel)	2
13							相関係数	1.00
14							相関係数 (Excel)	1.00

表11-3

分散　　　　　　　　B11＝＋E8/5　　C11＝＋G8/5

分散 (Excel)　　　　B12＝VARP(B3：B7)　　C12＝VARP(C3：C7)

共分散　　　　　　　H11＝＋H8/5　　共分散 (Excel)　　H12＝COVAR(B3：B7, C3：C7)

相関係数　　　　　　H13＝＋H11/SQRT(＋B11*C11)

相関係数 (Excel)　H14＝CORREL(B3：B7, C3：C7)

2-2 相関係数の意味

次の図11-2は相関係数の値によってデータの散らばり具合がどのようになるかを示したものである。

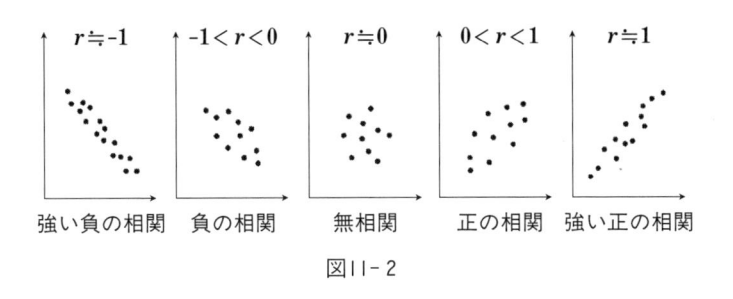

$r ≒ -1$	$-1 < r < 0$	$r ≒ 0$	$0 < r < 1$	$r ≒ 1$
強い負の相関	負の相関	無相関	正の相関	強い正の相関

図11-2

また，r の絶対値によって次のようなことが言える。
(1) 0.0〜0.2　ほとんど相関関係がない
(2) 0.2〜0.4　やや相関関係がある
(3) 0.4〜0.7　かなり相関関係がある
(4) 0.7〜1.0　強い相関関係がある

2-3 相関係数の算出

表11-4のデータは5科目のテスト結果を表にしたものである。ここでは国語の成績とほかの科目の成績との相関係数を求めてみよう。

相関係数を得点表の最下行に算出することとする。
(1) 表の○で囲ったセル，C 37を選択し，fx ボタンから「統計」，「CORREL」を選ぶ。(表11-4の「関数の貼り付け」ダイアログボックス参照)

	B	C	D	E	F	G	H
1	番	国語	世界史	数学	英語R	英語S	
2	1	58	66	42	39	55	
3	2	69	86	83	37	52	
4	3	58	52	42	28	50	
5	4	55	76	38	30	22	
6	5						
7	6						
8	7						
9	8						
10	9						
11	10						
12	11						
13	12						
14	13						
15	14						
16	15						
17	16						
18	17						
19	18						
20	19						
21	20						
22	21						
23	22	75	55	46	62	74	
24	23	72	71	75	51	61	
25	24	77	80	45	38	40	
26	25	32	47	49	37	36	
27	26	65	66	35	36	44	
28	27	82	68	90	80	72	
29	28	68	64	42	32	41	
30	29	76	72	41	42	54	
31	30	36	27	43	19	18	
32	31	75	81	98	44	48	
33	32	76	79	81	39	56	
34	33	89	87	82	64	75	
35	34	73	53	54	27	18	
36	35	71	47	76	26	33	
37	=						
38		ここに相関係数を算出					

関数の貼り付け

関数の分類(C):
- 最近使用した関数
- すべて表示
- 財務
- 日付/時刻
- 数学/三角
- 統計
- 検索/行列
- データベース
- 文字列操作
- 論理
- 情報

関数名(N):
- AVERAGEA
- BETADIST
- BETAINV
- BINOMDIST
- CHIDIST
- CHIINV
- CHITEST
- CONFIDENCE
- CORREL
- COUNT
- COUNTA

CORREL(配列1,配列2)

2つの配列の相関係数を返します。

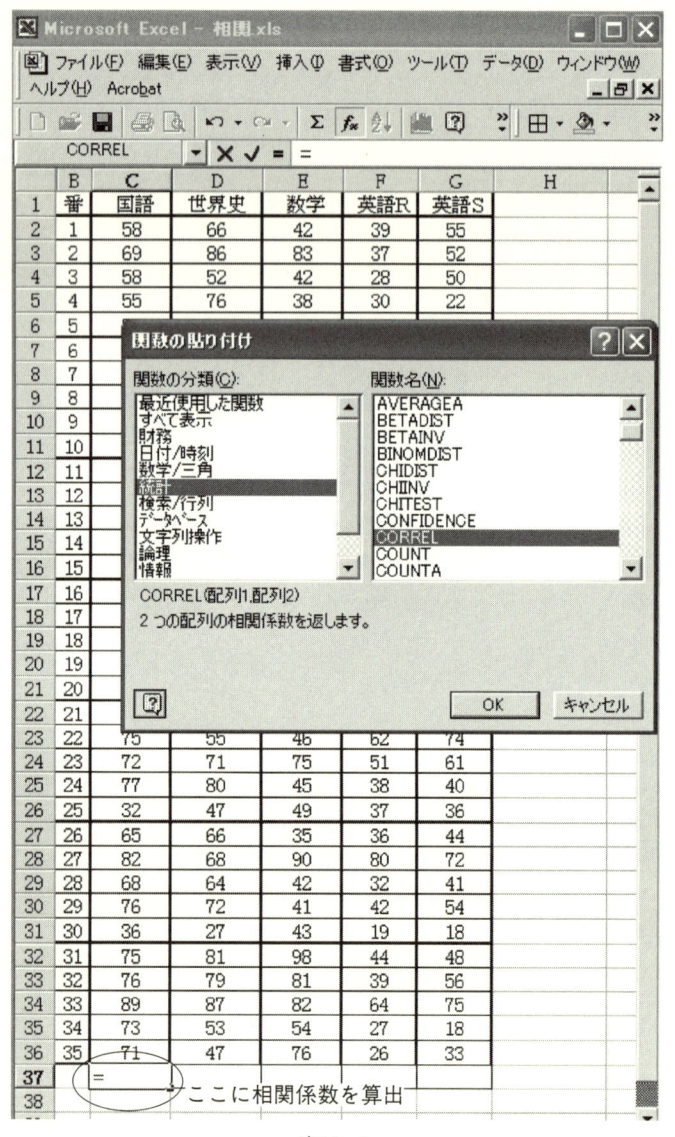

表11-4

(2) 相関係数のダイアログボックス（図11-3）が現れるので，「配列1」に国語の得点C2からC36を範囲指定する。「配列2」にも同様に国語の得点C2からC36を範囲指定する。

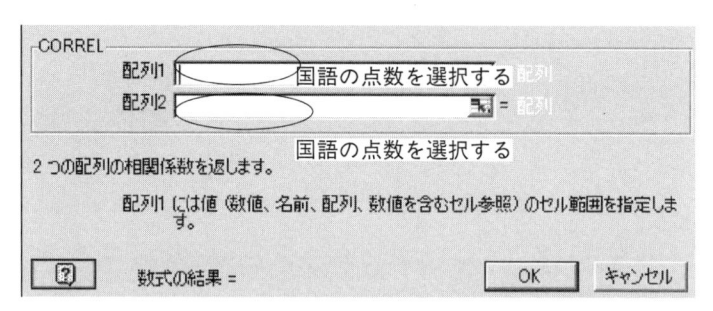

図11-3　相関係数のダイアログボックス（国語対国語）

OKをクリックすると相関係数が算出される。ここでは国語対国語の比較なので，当然相関係数は1となる。

世界史の場合（図11-4）は，「配列1」に国語の成績，「配列2」に世界史の得点を指定する。数学，英語R，英語Sについてもこの手順を繰り返すと国語とそれぞれの科目の得点の相関係数が求められる。

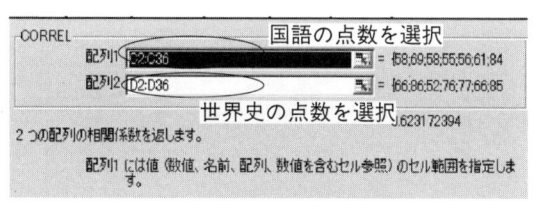

図11-4　国語と世界史の場合

2-4 散布図の作成

相関係数の数値を見ただけでは感覚がつかみにくいので，散布図というグラフを書いてみるとよい。

次ページの**表11-5**をもとに散布図を描いてみよう。

(1) 国語と世界史の得点を選択し，「グラフ」のボタンをクリックする。

(2) 「グラフウィザード」（図11-5）が現れるので，「グラフの種類」を「散布図」として「次へ>」をクリックする。

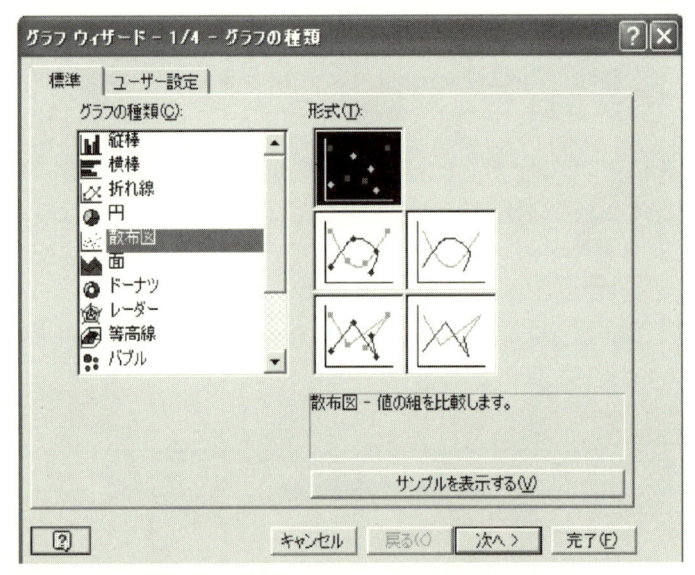

図11-5　グラフウィザードで散布図を選ぶ

(3) 次に現れる画面（図11-6）で「系列」を「列」とし，「完了」をクリックする。

	A	B	C
1	番	国語	世界史
2	1	58	66
3	2	69	86
4	3	58	52
5	4	55	76
6	5	56	77
7	6	61	66
8	7	84	85
9	8	62	80
10	9	78	84
11	10	66	84
12	11	76	78
13	12	75	70
14	13	80	67
15	14	71	58
16	15	76	55
17	16	65	80
18	17	46	17
19	18	86	93
20	19	77	84
21	20	66	75
22	21	56	19
23	22	75	55
24	23	72	71
25	24	77	80
26	25	32	47
27	26	65	66
28	27	82	68
29	28	68	64
30	29	76	72
31	30	36	27
32	31	75	81
33	32	76	79
34	33	89	87
35	34	73	53
36	35	71	47
37		1	0.623

表11-5

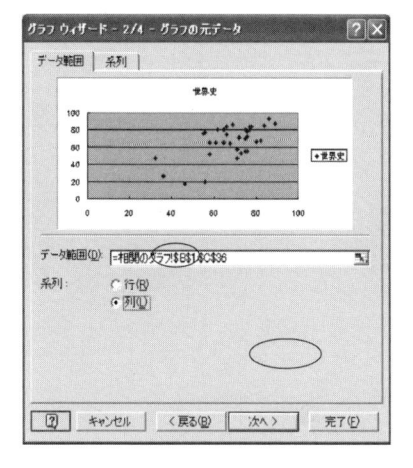

図11-6

散布図を描く上での注意

　左の表は国語と世界史の部分を取り出した表である。

　このデータ部分（B2〜C36）を選択しグラフボタンをおす。最下行の相関係数の部分を含めてはならない。

　散布図は2変数の関係を点でプロットしてしめすものなので2変数に限らなければならない。他の変数の対を処理する場合には対象の2変数を取り出すことになる。

　具体的には表示したい列以外の列を選択し右クリックメニューから非表示を選べば目的の列以外は画面上から見えなくなる。

第11章　ネイティブの採点基準を知りたい —— 151

でき上がった散布図にタイトルを入れたものが次図（図11-7）である。

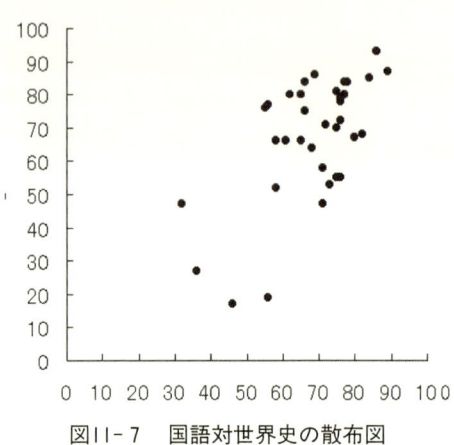

国語 対 世界史

図11-7　国語対世界史の散布図

この散布図を見ると，相関係数0.623がどの程度の関係を表わすのかが理解できるだろう。r の値と散らばり具合の様子を表わす**図11-2**と比較してみてほしい。

12 生徒の反応を授業に生かしたい

1 アンケート調査の方法

　生徒の客観的な行動は，観察によってかなり明らかにすることができるし，実験場面においては，ある条件を与えて，客観的な行動の変化を見ることが十分可能である。しかし，このような方法では生徒の内面や過去の経験に関する情報を得たり，理解することは困難であろう。たとえば，ある教授法で授業を行った際の生徒の満足度や感想など情意面での評価や過去の英語学習経験などがこれである。これらのことを知るためには，別の方法が必要となる。

　その方法のひとつがアンケート調査である。アンケート調査とは，調査者が知りたいことがらを質問事項として作成し，その質問に対する回答をデータとして収集し，そのデータを集計・分析することによって，全体の傾向を把握し，問題解決に役立てようとする方法である。

　この方法は，一定の条件下で一度に大勢の人を対象に調査できるうえ，調査の対象者が自分のペースで考えながら回答できる，比較的短時間に実施でき，費用も比較的安価ですむ，という長所を持つ。

　その反面，調査対象者（生徒）が自己の意見や考えを正直に表

現することを嫌い,自己の内面を偽って報告する,回答を拒否するなど反発的な態度を取ることもあるという短所があるので,これらのことを十分踏まえた上で,アンケート調査を行わなければならない。

1-1 アンケート調査の概略

アンケート調査は,実験研究を行うのと同様に綿密な計画が必要である。以下はその手順と簡単な留意点である(図12-1)。

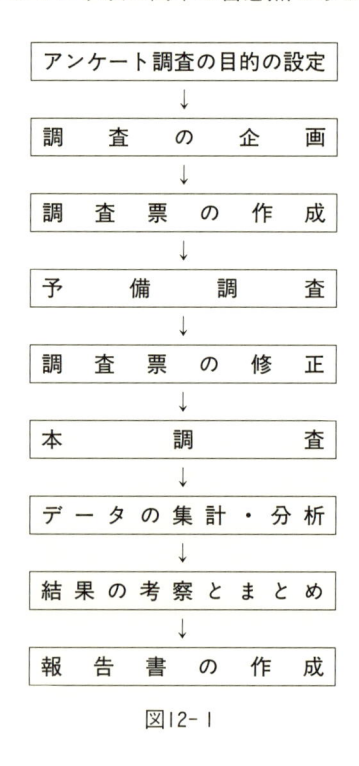

```
アンケート調査の目的の設定
        ↓
    調 査 の 企 画
        ↓
    調 査 票 の 作 成
        ↓
    予 備 調 査
        ↓
    調 査 票 の 修 正
        ↓
    本 調 査
        ↓
  データの集計・分析
        ↓
  結 果 の 考 察 と ま と め
        ↓
    報 告 書 の 作 成
```

図12-1

1-2 アンケート調査——実施の手順

(1) アンケート調査の目的の設定

一般に，アンケート調査を行う目的は，「問題を解決する」，「実態を表わす指標を定量化する」，「問題に含まれる因果関係を確認，探索する」のいずれかであろう[1]。アンケート調査を実施する際には，調査の目的，言い換えれば，どのような問題を解決するために実施する調査であるのか，どのような情報が得たいのかを明確にする必要がある。調査の目的があいまいで，「いろいろ尋ねれば何かわかるだろう」というアンケート調査は行うべきではないし，目的が不明確な調査は回答者に不信感を与えることにもなりかねない。

(2) 調査の企画

ひとことでいえば，「どのような人々（調査対象）に，どのような項目（調査項目）を質問して，どのようなデータ（調査結果）を得るのか」を決める段階である。

はじめに，どのような集団を母集団とするかを決定しなければならない。集団の構成員全員を対象に調査を実施するのか，あるいは，そのなかから一部を選んで調査を実施するのか，その際にどのようなサンプリングを行うかを決定しなければならない。それと同時に，回答者に会場に集まってもらって調査を行うのか（その場で回答してもらうのか，後日回収するのか），また，郵送による調査を行うのかなどの方法や調査の実施時期も決定しなければならない。

調査項目の設定及び回答方法の選択は，アンケート調査で最も

---

[1] 辻新六・有馬昌宏（1987）『アンケート調査の方法——実践ノウハウとパソコン支援』（朝倉書店）

綿密に行わなければならない作業である。項目の内容および回答方法が重要な役割を果たすからである。項目収集をする際には，同じような調査を実施した文献などが参考になるし，同僚などほかの人に尋ねるとヒントが得られることもある。

　調査項目が決まったら，それを具体的な質問項目に細分化する作業に入る。例えば，「大学生の大学での英語授業に対する意識について」調査を行う場合には，「授業の予習」，「授業の重点」，「授業のレベル」などがそれにあたるであろう。質問項目が決まったところで，それらを質問の形で表現し，回答の選択肢を準備することになる。

　回答者に質問の意図が正確に伝わるような内容にしないと正確なデータが得られなくなるため，質問項目は関連のあるものをまとめ，ある程度系統立った構成にする，回答者にとって難解な語句や表現を避ける，あいまいな表現や抽象的な表現は使用しない，1つの質問に2つ以上のことがらを尋ねない，回答を誘導するような表現は使用しない，などの配慮が必要となる。

　回答の形式には，プリコード回答法（選択肢を選択する方法）と自由回答法（回答者が記述する方法）がある。どちらを採用するかは，質問の内容により判断することになるが，回答者が回答することを面倒に思うような回答方法はできるだけ避ける必要がある。また，回答者に回答方法が明確に伝わるように表現することが大切である。選択すべき選択肢の数の指示がなかったり，○をつけるのか，順位をつけるのかが不明確であったりしてはならない。また，回答の際，予想される選択肢は網羅していなければならない。適切な選択肢がないと，回答者は回答に困り，回答しないか，違和感を抱きながらもいずれかを選択することになってしまう。

　いくつかの段階を設定し，そのなかから選択する方法に，「と

ても」,「やや」,「どちらともいえない」,「あまりない」,「全くない」の5段階で表現する方法がある。この場合，中立の「どちらでもない」に回答が集中する傾向が強く出そうなときにはそれを除いて偶数段階（この場合4段階）を用いるとよい。また，程度や頻度を表わす形容詞は人によって解釈が異なる場合があるので，慎重に選ぶ必要がある[1]。

質問項目が出そろったところで，調査したいと思っている調査内容，得たいと思っている情報が得られる内容になっているか（妥当性の検討），質問が重複していないか（独立性の検討）を検討する。また，調査対象者（生徒）の年齢や調査実施を考慮して，過度の負担にならない項目数か否かも検討しておく。

この段階で集計方法，分析方法も決定しておきたい。集計方法によっては，質問文や選択肢の作り方が変わってくることもあるからである。

(3) 調査票の作成

調査票は，質問と回答欄（選択肢）があればいいというものではなく，回答者がスムーズに回答できるような配慮が必要である。字の大きさやページのレイアウトに注意するのはもちろんのこと，分量が多くなりそうな場合は，質問の内容によって用紙の色を変えるなどの工夫をするとよい。

調査票は，一般的には，アンケート調査名，調査実施者の名称，調査実施年月日，調査の挨拶，回答の記入上の注意，フェイスシート，練習項目と回答見本，質問と回答記入欄，関連質問（対象者の回答意欲などを知りたい場合など），事後の指示（調査内容の口止め）や予告（2回にわたって実施する場合の次回の予告

---

[1] 鎌原雅彦他（1998）『心理学マニュアル質問紙法』（北大路書房）

など），調査協力への謝辞などからなる。

フェイスシートには学校名，学年，性別など個人的な情報（属性）を記入するもので，回答者のプライバシーに触れる質問が多く含まれているため，作成にあたっては細心の注意が必要である。アンケート調査は無記名を原則とするので，氏名欄は必要ない。

(4) 予備調査

十分に検討して作成した質問でも実際に調査を実施してみると，予期せぬ不備があり，意図した内容の回答が得られなかったということがある。そこで，実際の調査（本調査）に先立って，調査対象の中からごく少数のサンプルを選び出して行う予備調査を実施し，これらの不備をできるだけ少なくしておきたい。調査対象者から予備調査要員を得られない場合でも，同年齢の人に依頼したいものである。もちろん作成者自身が回答者になったつもりで回答してみることも必要である。それによって，思わぬところで不備が見つかることもある。

(5) 調査票の修正

予備調査の回答結果を分析し，ある特定の選択肢に不自然なほど回答が集中していないか，回答の分布が極端にかたよっている項目がないかなどを検討する。また，質問は平易で誤解のない表現であるか，選択肢は適切か，1つの質問に複数の質問事項が含まれていないか，倫理的・人道的問題にも抵触しないかなど検討をする。これらの検討の結果，一部を修正して本調査用の調査票を作成することになる。

質問紙と回答用紙以外に，郵送法による場合や他の人に調査の実施を依頼する場合には，依頼状や返信用封筒（ハガキ）の用意も必要となる。

(6) **本調査**

調査を1回で実施することができれば問題はないが，2回以上になる場合はできるだけ同じ条件になるような配慮が必要である。通常，意識調査では回答は対象者ペースとし，時間は制限せず，全員が回答を終えるだけの時間を確保すべきである。また，口頭でもいいので「プライバシーの保護」を約束すべきである。

(7) **データの集計・分析**

アンケート調査の回答を入力する前に，調査票に記入された回答の点検作業をしなければならない。調査員のミスや回答者のミスなどによって，調査票の質問で意図したデータが得られていない可能性もあるからである。

注意する点は，無回答はないか，指定された回答数と異なった回答はないか，2つの選択肢にまたがって○をつけていないか，解答方法に誤りはないか，などである。これらをどのように処理するか，あらかじめルールを決めてから入力の作業を開始すると，その作業が中断されずにすむ。

アンケート調査の結果をどのように処理するかについては前もって考えておかなければならない。手計算で集計する，業者に依頼する，STATISTICAやSPSSのような専用ソフトを利用することなども考えられるが，実用性，経済性を考慮して，Excelを利用することを薦めたい。Excelが特にアンケート調査結果の処理に適しているというわけではないが，データ計算や集計処理に関して十分な機能と性能を持っていて，操作性に優れているからである。その上，多くのパソコン使用者が所有しているので職場の同僚や研究仲間同士でも利用することが可能である。

また，回答者数が少ない場合は手計算でも簡単にできるが，何回かにわたって同一の調査を実施する場合には，パソコンによる

データ管理は，年度ごとの比較，全体の傾向などを求める際にその機能を十分に発揮してくれる。

入力したデータをもとに集計を行った後，記述統計，あるいは，統計的検定を行う。

(8) 結果の考察とまとめ

アンケート調査により得られたデータを集計・分析した結果をもとに，この調査をとおしてどのようなことが判明したかをまとめる段階である。具体的には，ひとつひとつの設問の結果を考察した上で，全体的な傾向を把握する，更には，因果関係があればそれを発見するなどの分析を行うのである。そして，これらの得られた情報をもとに，その後の教育や授業を改善するためにどのようなことをすべきか，などについて検討することになる。

調査項目の内容や回答方法，調査の実施方法などについて検討を加え，必要であれば修正を行い，次回のアンケート調査に備えて保存しておく。

(9) 報告書の作成

報告書は，どのような目的に利用されるかによって，内容に違いがでてくるが，少なくとも，調査の目的，背景，内容，結果と説明は必要であろう。

調査の実施を依頼した場合や回答者になってもらった場合など，必要ならばアンケート調査の結果を報告書として作成し，お礼を述べた挨拶状とともに送付する。

最後に，このようなアンケート調査によって得られた生徒の反応や傾向はその後の授業に生かしてこそ意義があるので，やりっ放しにならないように気をつけたい。

≪アンケート調査の質問項目の例≫

設問1　中学校に入学する前に英語を学習したことがありますか。
a. ある　　b. ない

設問2　（設問1で、「ある」と答えた人だけ答えてください）
どこで学習しましたか。
（2つ以上選択してもよい）
a. 小学校で　　b. 塾で　　c. 家で（家族から）
d. 教会で　　　e. その他

設問3　今，英語は好きですか。
大好き（5）
どちらかというと好き（4）
どちらでもない（3）
どちらかというときらい（2）
大きらい（1）

設問4　現在，どのように英語を学習していますか。
（2つ以上選択してもよい）
a. 授業で　　b. 塾で　　c. 家庭教師から
d. ラジオ講座で　　e. その他

設問5　平均すると，1日に何時間くらい，英語を学習していますか。
＿＿時間＿＿分

2 Excelによるデータ集計手順

2-1 調査結果の入力

　アンケート調査の回答をExcelのワークシートにどのように配置するかによって、あとの作業の効率が大きく変わってくる。基本的には、**表12-1**のように、1枚の調査票の回答を横に1行に、そして1回答項目を縦1列に入力する。

　パソコンにデータを入力する際に、2人でペアになりひとりが読み上げ、もうひとりが入力すると、能率的であり、データの読み誤りによる入力ミスも生じにくい。

　次に、アンケート調査（中学生対象）の質問項目の例と回答（架空）10名分を入力したワークシート（表12-1）を示す。

　回答形式は大きく分けて、次の4通りがある。

	A	B	C	D	E	F
1	生徒番号	設問1	設問2	設問3	設問4	設問5
2	1	a	a	3	a	0:00
3	2	b		5	abd	2:00
4	3	b		2	a	0:30
5	4	b		1	a	0:00
6	5	a	c	5	ab	1:30
7	6	a	d	5	ac	1:15
8	7	b		3	a	0:20
9	8	b		4	ab	0:30
10	9	b		5	ad	1:00
11	10	a	b	4	a	0:15

表12-1　回答のワークシート

単一記号回答（設問1）は，1つの記号を回答として選択するものであるから，集計の際にはその記号をセルに書き込めばよい。

複数記号回答（設問4）は，複数の記号を選択して回答するものであるが，10個以上の選択肢がある場合は，その記号を数字で1，2，3，…とせずに，たとえばアルベットでa，b，c，…としたほうが1打で入力することができるので，経済的である。その他の項目に記述がある場合は，隣の列に日本語で入力するとよい。

数値回答（設問5）は，「1日の英語学習時間は1時間30分(1:30)」のように数値で回答するものである。最高と最低の2種類の数値を回答する場合は，最高の数値を入力する列と最低の列を設けておくとよい。また，集計の際に，平均を求める場合は別として，全体の傾向を知るだけなら，区切る時間帯でまとめ，選択肢にする（例えば，a. 30分未満，b. 30分以上60分未満など）と単一記号回答になるため集計が楽になる。

記述回答は，回答者が自由に記述するものであるから，調査者が内容を読み取って，入力することになる。その際，語句を統一しておいたり，回答内容を記号で分類しておく，などすると，集計の際に参考になる。これは「その他」の項目欄入力にもあてはまることがらである。

なお，記号回答を入力する際に，［全角］か［半角］か，アルファベットの場合は［大文字］か［小文字］か，統一しておく必要がある。

2-2 データのチェック

　集計の前に，入力したデータにミスがないか，チェックするとよい。印刷して全回答の読み合わせをするのが確実であるが，時間的に非効率的であるので，ここでは簡単な方法でチェックすることにする。

　それぞれの項目ごとに並べ替えを行うと，同じデータが集められるために，上位と下位のデータを見ればだいたい見当がつく。異質なデータが含まれていれば入力ミスがあったことになる。

　ただし，並べ替えはデータの行を移動して行われるので，一歩間違えるとデータの破壊に繋がりかねない。そこで，データの並べ替えはデータが入力されたシートをコピーした別のシートで行うことをすすめたい。その方法は次のとおりである。

≪シートのコピー方法≫

　「データ」と名づけたシートをコピーする場合，メニューから「編集」をクリックし，「シートの移動またはコピー」を選択する（図12-2）。次にコピーしたシートの挿入先「末尾へ移動」を指定し，「コピーを作成する」をクリックしてチェックする（図12-3）。

　すると，「データ」のコピー「データ(2)」が作成される（図12-4）。

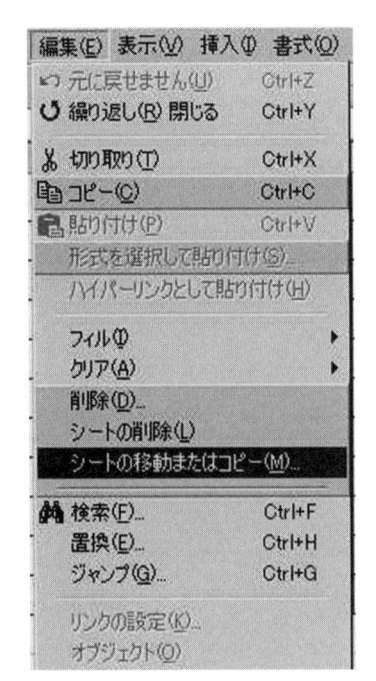

図12-2 「シートの移動または
　　　　コピー」

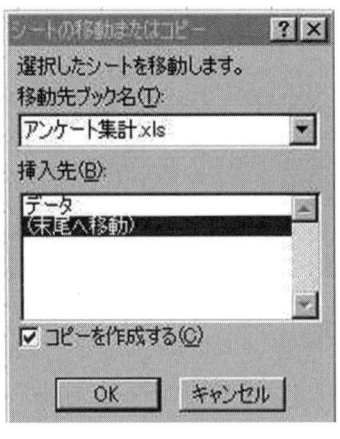

図12-3 「末尾へ移動」を選択

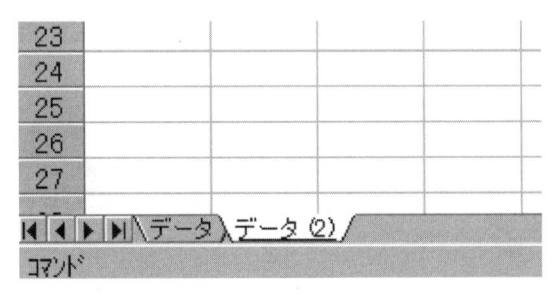

図12-4 「データ(2)」のワークシート

2-3 データの集計

　アンケート調査終了後の最初の作業はデータの集計で，項目の度数を数える単純集計を行う。この集計を行うにはいくつかの方法（データベース関数など）があるが，今までの集計で使用してきたCOUNTIF関数を使用する方法を中心に，表12-1を例に集計を行う。（COUNTIF関数については第6章を参照されたい）

(1) **単一回答——記号の場合**（例：設問1）
　aの度数　　＝COUNTIF($B$2:$B$11,"a") →4となる
　bの度数はこの式をコピーし，"a"を"b"に変える。
　　　　　　　＝COUNTIF($B$2:$B$11,"b") →6

(2) **複数回答——記号の場合**（例：設問4）
　記号の前後にアスタリスク(*)をつける。あとは(1)の「単一回答—記号の場合」と同様に行う。
　aの度数　　＝COUNTIF($E$2:$E$11,"*a*") →10となる
　bの度数　　＝COUNTIF($E$2:$E$11,"*b*") →3
　cの度数　　＝COUNTIF($E$2:$E$11,"*c*") →1
　dの度数　　＝COUNTIF($E$2:$E$11,"*d*") →2

(3) **数値——選択肢の場合**（例：設問3）
　記号と同様に扱うが，" "は用いずに，数字のみでよい。
　1の度数　　＝COUNTIF($D$2:$D$11, 1) →1となる
　2の度数　　＝COUNTIF($D$2:$D$11, 2) →1
　3の度数　　＝COUNTIF($D$2:$D$11, 3) →2
　4の度数　　＝COUNTIF($D$2:$D$11, 4) →2
　5の度数　　＝COUNTIF($D$2:$D$11, 5) →4

(4) 数値——自由記入の場合（例：設問 5 ）

集計方法はいろいろあるが，比較的簡便なヒストグラム作成の方法で試みたい。（第 3 章も参照されたい）

はじめに，区切る間隔を設定する。一般的には等間隔で区切るが，ほとんど学習していない生徒がどのくらいいるか把握したいので，ここでは「15分以内，30分以内，1 時間以内，1 時間30分以内，2 時間以内」とする。あらかじめ，**表12-2**のようにデータ区間を入力しておく。

	H	I	J
13	設問5		
14	0:15		
15	0:30		
16	1:00		
17	1:30		
18	2:00		

表12-2　データ区間の入力

メニューから「ツール」，「分析ツール」を選択し，「ヒストグラム」に進む。「ヒストグラム」のダイアログボックスに「入力範囲」，「データ区間」，「出力先」を入力する。

「入力範囲」の部分にカーソルを合わせクリックし，その後，**表12-1**で設問 5 の回答結果を示す範囲（F 2〜F 11）を選択する（$F$2 : $F$11 と表示される）（図12-5）。

次に「データ区間」の部分にカーソルを合わせクリックし，その後，先に入力したデータ区間（H 14〜H 18）をマウスで選択する（$H$14 : $H$18 と表示される）（図12-5）。

「出力オプション」は，分布表のみであるから同一シート上で

よい。まず「出力先」をチェックし、入力部分をクリックした後、場所を指定する。データの入っていないI13から数行とJ13から数行を確保するため、カーソルでI13を選択する（$I$13と表示される）。OKをクリックすると**表12-3**のとおりの分布表が作成される。

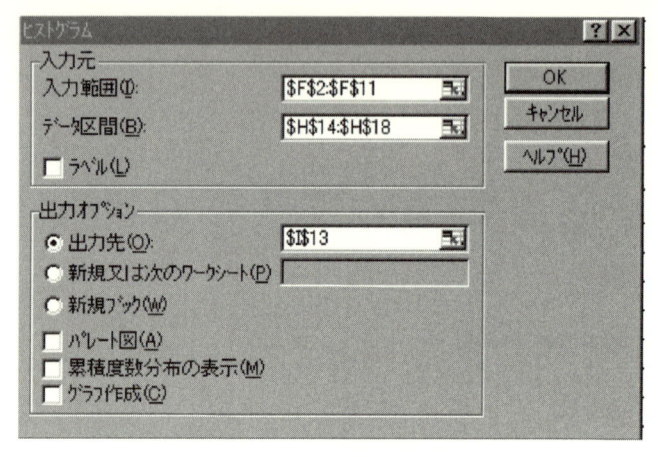

図12-5 「入力範囲」、「データ区間」、「出力オプション」の入力

	H	I	J
13	設問5	データ区間	頻度
14	0:15	0:15	3
15	0:30	0:30	3
16	1:00	1:00	1
17	1:30	1:30	2
18	2:00	2:00	1
19		次の級	0

表12-3 設問5に対する分布表

すべての設問を集計した結果を一覧表にすると，次の**表12-4**(1)〜**表12-4**(5)のようになる。(ただし，設問2の集計の実例はここでは提示していない)

設問1

a. ある	4
b. ない	6

表12-4(1)

設問2

a. 小学校で	1
b. 塾で	1
c. 家で(家族から)	1
d. 教会で	1
e. その他	0

表12-4(2)

設問3

5 大好き	4
4 どちらかというと好き	2
3 どちらでもない	2
2 どちらかというときらい	1
1 大きらい	1

表12-4(3)

設問4

a. 授業で	10
b. 塾で	3
c. 家庭教師から	1
d. ラジオ講座で	2
e. その他	0

表12-4(4)

設問5

15分以内	3
30分以内	3
1時間以内	1
1時間30分以内	2
2時間以内	1

表12-4(5)

(5) クロス集計

複数の項目を組み合わせて集計することをクロス集計といい，度数を数える単純集計では見いだせない性別や年齢などの個人的な条件（属性）による差異や項目間の関係などを明らかにすることができる。

複数項目のクロス集計もあるが，ここでは一般的な2項目間のクロス集計（設問1と設問3）の方法を試みる。

メニューの「データ」から「ピボットテーブルとピボットグラフレポート」を選択する（図12-6）。

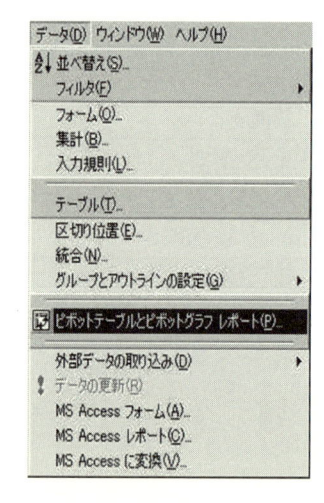

図12-6
「ピボットテーブルとピボットグラフレポート」を選択

ウィザードに従って，データの場所「Excelのリスト/データベース」と作成するレポートの種類「ピボットテーブル」をチェック（図12-7）し，次へ進む。使用するデータの範囲（A1～D11）を選択（データ！$A$1:$D$11と表示される）し（図12-8），次へ進む。

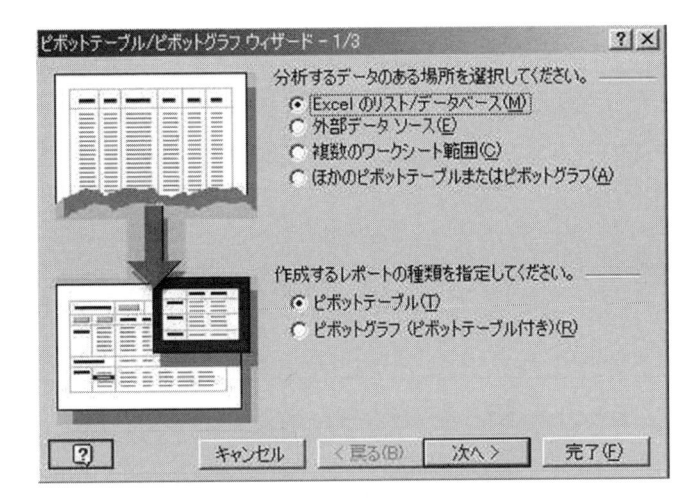

図12-7　分析するデータの場所を選択

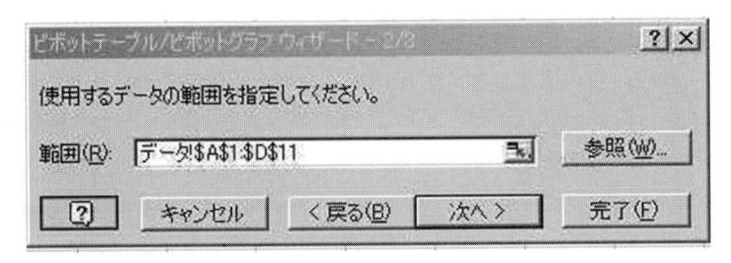

図12-8　データの範囲の入力

第12章　生徒の反応を授業に生かしたい

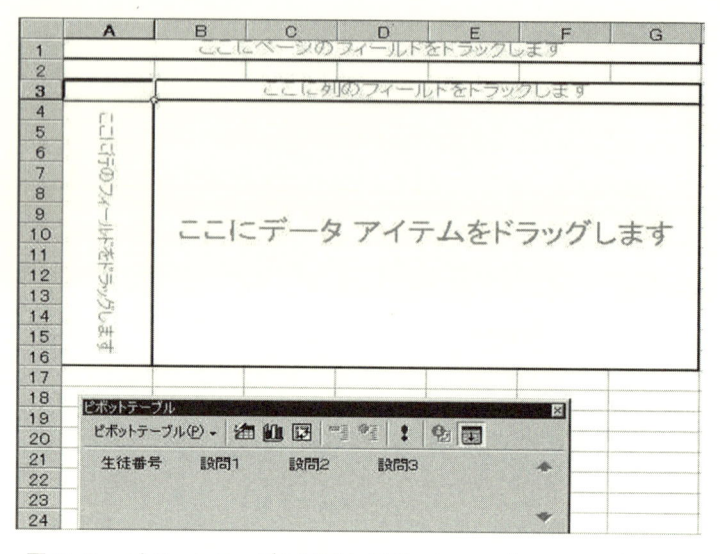

図12-9　ピボットテーブル領域とピボットテーブルツールボックス

　次に，ピボットテーブルの作成先（新規のワークシート）を指定し，完了する。すると，**図12-9**のようなピボットテーブル作成の画面が現れる。表の下のピボットテーブルツールボックスから，「生徒番号」を1行目の「ページのフィールド」（集計対象）欄に，「設問1」をA列の「行のフィールド」欄に，「設問3」を3行目の「列のフィールド」欄に，それぞれドラッグして貼り付ける。最後に「データアイテム」欄に「設問1」をドラッグすると**表12-5**のようなクロス集計表が表示される。

データの個数：設問1	設問3					
設問1	1	2	3	4	5	総計
a			1	1	2	4
b	1	1	1	1	2	6
総計	1	1	2	2	4	10

表12-5　設問1と設問3のクロス集計結果

3　回答のゆれと誤差

　アンケート調査では現実を正確に反映する情報を得ることができるとは限らない。アンケート調査の結果を解析することによって得られる情報と現実との相違を「回答のゆれ」，「誤差」という。これは，アンケート調査には，その一連の過程において誤差を引き起こす要因が含まれているために生ずるものである。したがって，これらの要因をできるだけ小さくすることが誤差を小さくすることにつながる。誤差の原因となるものには標本誤差と非標本誤差がある。

3-1　標本誤差と非標本誤差

(1) 標本誤差

　母集団のなかのすべてを対象に調査を実施する方法を全数調査という。この方法を用いると，調査目的の情報に関してかなり正確に知ることができる。例えば，教師が自分の担当しているクラスの生徒の英語授業についての感想を知りたいときなどに，クラス全員を対象として実施する場合がこれにあたる。この場合，母集団（クラスの生徒全員）のリストがそろっていて，その集団の規模も比較的小規模であるから実施が可能となる。

　しかし，日本の中学生の「英語の好き嫌い」の傾向について調

べたいという場合には，母集団である全国の中学生全員を対象に調査を実施することはほとんど不可能である。そのようなときに用いるのが標本調査である。

標本調査とは，母集団から一部を取り出し，それらを直接の対象者として調査を実施し，その結果から母集団の傾向を推定する方法である。このときに取り出された調査の直接の対象をサンプル（標本）といい，サンプルを取り出すことをサンプリング（標本抽出）という。

母集団からある方法に従って選び出された一部の人々を対象者とした調査においては，得られた結果が示す特性は，母集団の特性と完全に一致するわけではなく，ずれが生じることになる。これを標本誤差という。標本誤差をできるだけ小さくするためには，適切なサンプリングを行う必要がある。

(2) 非標本誤差

全数調査で得られた情報でも，調査対象（回答者）が持ち合わせている特性を十分に反映した，誤差のない正確な情報であるとは限らない。なぜならば，アンケート調査の一連のプロセスに誤差の生じる要因が存在するからで，次のようなものがそれにあたる（辻・有馬，1987）。

① 回答者の虚偽の回答
② 回答者による質問内容の取り違え
③ 回答者の不在や回答拒否による調査不能
④ 調査員の不正
⑤ 調査データを集計する際の計算ミス
⑥ コンピュータを用いて解析する際の調査データの入力ミス

できるだけ正確な情報を得るためには，アンケート調査の全過

程において細心の注意を払って実施することが必要である。

3-2 サンプルの抽出法

標本調査を実施することに決定したら，母集団からサンプルを取り出す方法を決めなければならない。サンプリングには大きく分けて，「意図的な (purposive) 抽出」と「無作為抽出 (random sampling)」の2つの方法がある。

前者は，できるだけ母集団を代表するようなサンプルを調査者が選ぶ方法である。調査者が母集団を代表すると信じていても，科学的な裏付けがあるわけではないので，母集団との誤差が大になることを覚悟しておかなければならない。

後者の無作為抽出は主観を排除してランダムにサンプルを抽出する方法で，次の4種類があり，それぞれの特徴は以下のとおりである。

(1) 単純抽出法

母集団のなかから必要な数のサンプルを乱数表やさいころを用いてひとつひとつ選ぶものである。サンプル数が小さい場合には簡単にできて便利な方法である。

(2) 系統(等間隔)抽出法

第1番目のサンプルだけをランダムに乱数表で定め，以後は一定の間隔（母集団の数／サンプル数）ごとに選ぶ方法である。したがって，母集団を形成するひとつひとつに通し番号がついていなければならない。この方法も単純抽出法と同様に，サンプル数が小さい場合には便利な方法であるといえる。

例えば，A市の高校生（10万人）から1,000人を選んで英語学

習方法を調査する場合,次のようになる。

まず,高校生全員に1から100,000まで通し番号をつける。高校生100人あたり1人を選ぶことになるので,下2桁の数をひとつ選び,通し番号の下2桁の番号がこの番号である高校生を選ぶこととなる。仮に,1高校あたり平均1,000人の生徒が在籍しているとすれば,1校につき10人,100校の生徒を対象に調査を実施するわけで,かなりの費用と労力がかかる。

(3) 多段抽出法

単純抽出法や系統抽出法では母集団を形成するすべてのリストを入手しなければならないうえ,調査にあたって費用と労力がかかるという短所がある。これを解決する方法が多段抽出法である。母集団をある基準に何段階かに分けて,段階ごとに無作為抽出して最終的にサンプルを抽出するという方法である。

先の調査の場合,はじめに100校の高校リストから無作為に10校を選び,その10校からそれぞれ100人ずつを無作為に選出するというものである。このように2回抽出すれば2段抽出法ということになる。さらに,それぞれの高校で10クラスをランダムに選び,そのクラスから10人ずつ選び出すとすれば,3回抽出するので3段抽出法になる。

この多段抽出法をやや簡素にしたものに集落抽出法がある。100校の高校からいくつかの学校を選び,その高校の生徒全員に調査するというものである。この場合,学校同士は似かよった性質をもっていることが望ましい。簡便ではあるが,誤差がかなり大きいので,集落抽出法はあまり用いられない。

(4) 層化抽出法

調査項目に関係する特性を用いて母集団を異なる層に分け,各

	長　　所	短　　所	例
単純抽出法	・小規模の母集団に使用する ・簡単にできる ・リストと乱数表かサイコロがあればいい	・リストを整備する必要がある ・サンプル数が大きいと時間と労力がかかる	3, 7, 15, 22, 23, 50, …
系統抽出法	・小規模の母集団に使用する ・抽出が手軽にできる ・標本誤差が小さい	・リストを整備する必要がある ・サンプル数が大きいと時間と労力がかかる ・サンプルの並び方に周期性またはその傾向があると使用できない	3, 53, 103, 153, … 353, 403, 453
多段抽出法	・大規模の母集団に使用する ・リストは最終段階のものだけでよい ・労力，費用がさほどかからない	・母集団が段階を形成していなければならない ・段階数が多くなると標本誤差が大きくなる	A中学校 B中学校 C中学校
層化抽出法	・大規模の母集団に使用する ・多段抽出法との併用で標本誤差を小さくすることができる	・調査項目に重要な影響を与える特性についての知識が必要である ・リストがその特性で分けられている必要がある	英・2年・男 国・3年・女 法・4年・男

表12-3　サンプリングの種類とその特徴

層から必要なサンプル数を無作為抽出する方法である。

たとえば、大学生を対象に調査を実施する際に、英語科、国語科、法学科の3科がある場合、学科別、性別に分けるとすれば、3×2＝6の層となる。母集団の男女、科別の人数が同数でないことが多いので、一般的には人数に応じて選ぶ人数比例抽出を用いる。この場合、各層の内部はなるべく同質であるように工夫する必要がある。

以上のサンプリングの長所、短所をまとめると前ページ**表12-3**のようになる。

このいずれかの方法に従って忠実に実施することは困難であるので、目的、費用、時間などにより、ある程度の妥協はやむを得ないかもしれない。ただ、サンプルの抽出法にやや偏りがあると思われるならば、その結果の解釈には十分に注意しなければならない。

13 実証的研究の進め方の ABC

1 実証的研究とは

　実証的研究 (empirical research) とは,一言でいうと「統計的手法を用いて研究仮説を検証する研究」ということができよう。これは調査研究と実験研究とに大きく分けることができ,英語教育学の研究方法のひとつである。数的データは大きく次のように二分される。

　ひとつは,「調査したら,「賛成」が5割,「反対」が3割,「分からない」が2割であった」というような単純なデータや代表値を含む種々の統計表,グラフ,指数,相関係数などにいたる「記述統計」である。自分の担当する生徒,あるいは全校生徒の実態調査(例:小学校での英語学習歴のアンケート)などのほとんどはこれに属する。

　もうひとつは,得られたサンプルから母集団についてのデータを推測することを目的とした「推計統計」である。推計統計の例としては,「ある高校で実験を試みた。3か月の実験の後,A社のリスニングテスト Form B を受けさせた。その結果,実験群では統制群(実験をしない集団)に比べて平均値で5%の上昇がみられ,有意であった」というような報告をあげることができる。

　記述統計のデータだけでもある程度は役に立つが,推計統計を

用いたほうが説得力が大きい。なぜならば，成績に5％の上昇がみられたとき，その差が現れた確率は低い（たまたま偶然に現れた）のか，あるいはその確率は高いといえるのか，を検証できるからである。

言い換えれば，実験で用いたサンプル（たとえば，偏差値が標準的といわれている高校のあるクラス）で得られた上のデータと結論は全国の高校生に適用してよいといえるかどうか，が検証できるのである。もしこの5％の上昇がたまたま現れた現象であり，「統計的に意味がない」ということが証明される（統計的に「有意」でなく，仮説が採択されない，すなわち「差があるとはいえない」）ならば，この仮説は全国の高校生にはきわめて適用しにくくなる。

この種の実証的研究結果を見て，「わざわざ費用と時間をかけて研究しなくても，経験的にほとんど分かっている」と批判する人がいる。しかし，経験的に分かっていることを数字で実証することに意味があり，ほとんどの場合，それだけでなく副次的な知見が必ず得られるものである。たとえば，ある技能に関して，「女子は男子に比べて全般的に優れている」といわれていて，それを示すことができたとしよう。その際に，「ただ，その技能はある情意的要因にかなり影響されるようである」などという結果が必ず得られるものである。

2 研究計画の立て方と流れ

修士論文のための研究を想定してみよう。1週間に3日はそのために費やすことができると仮定して，準備期間としては最低1年，文献研究が進んでいないならば1年半は必要である。

次に示す**図13-1**は研究の流れを示しており、計画を立てるために必要な最低限のプロセスを示したものである。

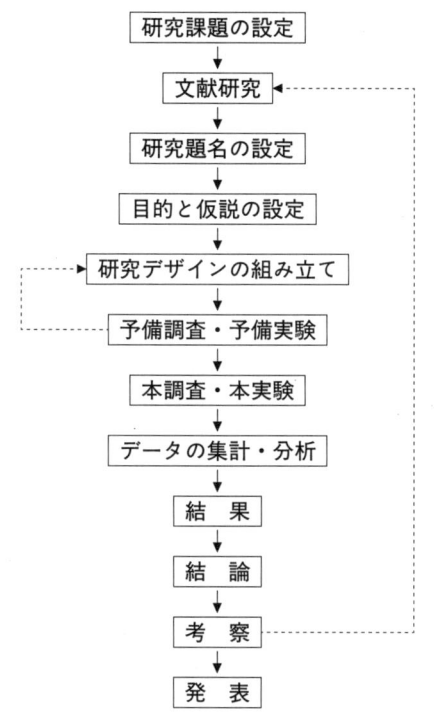

```
研究課題の設定
    ↓
文献研究 ←----------┐
    ↓              :
研究題名の設定      :
    ↓              :
目的と仮説の設定    :
    ↓              :
┌→研究デザインの組み立て :
: ↓              :
└-予備調査・予備実験 :
    ↓              :
本調査・本実験      :
    ↓              :
データの集計・分析  :
    ↓              :
結　果              :
    ↓              :
結　論              :
    ↓              :
考　察 -------------┘
    ↓
発　表
```

図13-1　実験研究,調査研究の手順

2-1　研究課題の設定

(1) 授業の実践からヒントを得る

1日の授業が終わった後、あるいはテストを採点した後など常に次のような疑問が出てくる。「こんなに教え方を工夫しているのに、なぜこんなに出来が悪いのか」、「あれだけ力を入れ、生徒

も積極的に反応したのに、なぜ定着しないのだろう」など。

このような疑問に一口で答えることはできない。なぜならば、多くの要因が重なり合って影響し、ひとつの現象(例:平均点が全国レベルより低い)をつくりあげているからである。同じ教師が同じ方法と教材を用いて授業をしても、知能、学力、情意的要因(注意深さ、積極性、感受性など)、その他の要因によってテストの結果が違ってくるものである。このように、生徒の特質だけを見てもバラエティに富んでいてとらえどころがないようであるが、教育心理学の専門家にとっては、その実態を数値化するのはそれほど難しいものではないそうである。

教授法を少し変える(たとえば、暗唱を毎回課す、など)だけでも違った結果が生まれるだろう、ということは十分予測できる。このような研究の結果は現場にすぐに還元できる課題である。

時間的にゆとりのある場合は、あまり開拓されていない分野(例:英語学習と情緒的要因の関係、教師論など)に挑戦するのもよい。ただし、参考にする文献は国内では少ないので、モデルとなる研究を見つけるのにかなりの労力が必要となるが、継続して研究すれば、英語教育学に大きな貢献ができるだろう。あるいは、「経年的研究」を行うこともできる。これは、一度データを収集した対象から、数年後に再びデータを収集するような場合の研究である。文法項目がどの程度定着したかを同じ対象者に対して追跡調査する場合などが考えられる。

その例の1つとして、200近くの文法項目を含む英作文を出題し、その正解率を4年間にわたって調査した東京大学附属中・高等学校の研究(1978)[1]がある。

上に述べたような大きな構想は組み立てられても、時間、組織

---

1) 「経年的定着度調査から見た中高連携の問題点」語学教育研究所編『英語教育年鑑1978年版』(開拓社)

の関係で実施が無理な場合は，期末テストあるいは実力テストの誤答分析を試みたり，それを発展させて多肢選択問題の「項目分析」を行ってみるとよい。選択肢の適不適を判断する材料を得ることができ，良問と悪問の基準を設定するヒントになる。

(2) **文献からヒントを得る**

学会の研究発表や先輩の論文に示唆を得て，全く同じテーマで研究しようという初心者も多い。この場合は研究デザインを模倣することができるという利点がある。このとき大切なことは，目新しい研究課題であるからといって飛びつくのではなく，その継続的な研究計画などについてかなりの程度の中・長期的展望をもつことが望ましい。

いずれにしても，研究テーマを決めるとき，仮説のなかの「独立変数」（例：教授法，新しいテスト法）とそれによって変化したと思われる「従属変数」（例：生徒の成績，学習意欲を数的に表わしたデータ）の関係がきわめて複雑なので，慎重にチェックしたい。初心者は，研究デザインを模倣するとしても独立変数はひとつに限るべきであろう。

2-2 文献を分析的，批判的に読む

研究目的が決まったならば，国内，海外の文献に目を通すことになる。どれを読むべきか分からない時はまず国内の専門誌（たとえば『英語教育』（大修館書店），特に増刊号）を10年分，あるいは英語教育関係の学会（テスト関係の研究に関心があれば「日本言語テスト学会」）の紀要を少なくとも5年分ぐらいチェックすることから始まる。次にその参考文献を手がかりに専門誌の文献を集め，専門書を併読し，専門用語を集めた応用言語学，教育

心理学，教育学，社会学，行動科学の事典，ハンドブックなどで調べ，必要ならば著者と交信することになろう。筆者の経験だが，比較的新しい研究分野を専攻しているある著者から，アドバイスや時には参考文献を喜んで提供してもらったことがある。

なお，本格的にある分野の研究に取り組みたいと望むなら，古典に属するような基本的な論文あるいは専門書に目を通し，その分野の研究史の概要を批判的にとらえておくことが必要である。

研究論文を読むにあたっては，ただ内容の要点を読みとるだけでなく，まず分析的に，次に批判的に読まなければならない。「分析的に」とは，仮説がどのような材料と方法を用いて検証されたか，を細かくメモをしながら，模倣できる，あるいは参考になる方法を読みとることである。「批判的に」とは先行研究との関連にどれだけ言及しているか，研究仮説に無理はないか，研究方法に問題はないか，独立変数は1つあるいは2つに限られているか（例：同じ教師が実験群と統制群を同じ時間数担当し，教授法のみを変える），変数のコントロールがされているか（例：実験中に海外で語学研修などを受けていない），をチェックしながら読むことを意味する。それに加えて，これよりもさらに優れた分析方法はないか，「結果の解釈」には無理な点はないか，も含めなけれならない。

> Klare, George. R. (1963). *The measurement of readability.* Iowa: Iowa State University.
> 参考：○○大学図書館所蔵

論文を読んでメモをする前に，上記のような文献カードをまず作っておくと後に引用したり，論文の参考文献を作成するときに能率的である。これを基本とし，必要に応じてカードの大きさを

変えることになる。あるいは，データベース・ソフトを用いてこれをコンピュータ上に作成すると，検索ははるかに容易になる。

ついでにつけ加えておくが，最近は多くの参考文献を読まない傾向が見られる。しかし，この段階で間接的に関係のある分野のものも含めて多くの論文を批判的に読んでおくと，仮説が支持されなかったときにその解釈が比較的容易になる。ぜひとも多くの文献にあたっておきたいものである。

2-3 仮題名の決定

初めて論文を書こうとするときは，仮の題名といってもなかなか決まらないだろう。どうかすると大規模な研究や学会のシンポジウムを連想させるようなタイトルになってしまう（例：「高校生のリスニング能力とリーディング能力の関係」）ことがある。タイトルを決めるには，次のような研究内容，研究方法，対象を盛り込むようにすると決めやすくなる。

「高校生を対象とした○○教授法の実験的研究」
「中学生用の受容語彙のサイズを予測するテストの開発研究」
「情意的要因が高校生の学期末テストに及ぼす影響の研究」
「「オーラル・コミュニケーション」におけるポートフォリオ・アセスメントに関する予備的研究」

これに加えて，独立変数と従属変数の関係が分かるようなサブタイトル（例：特に，学習意欲の劣る生徒への対応）をつけ加えるとさらに良い。

2-4 目的と研究仮説の設定

初めての論文では，研究目的でさえ明確に記述するのは困難で

ある。そのような時には先行研究をヒントにすればよい。ひとつの方策としては，くり返しになるが，独立変数を１つに限るということである。「ライティングの能力の向上を目的とする」などはあまりに漠然としすぎている。「自由英作文」とすれば少し狭くなる。どのような「自由英作文」の力をさすのか，さらに狭めるべきである。

それと平行して，研究の目的のレベルを決めなければならない。これは次のようないくつかのレベルに区別でき，研究方法とも密接に関連してくる。（ただし，それぞれの区分は究極的には厳密にできないこともあり，例は架空のものである）。

① 予測のレベル
例：基本語以外の単語が多い文章ほど，生徒にとって難解である。

② 統制のレベル
例：筆記試験を早期に導入すると，学力差は小さくなる。

③ 分析のレベル
例：向性テスト（外向性，内向性の程度を測定するテスト）の得点とスピーキング・テストの成績の関係を分析する。

④ 記述のレベル
例：高校生の速読のプロセスを記述する。

仮説は「〇〇が△△すれば□□となるだろう」となるのが一般的である。これを厳密に述べると「95％あるいは99％の確率で□□となるだろう」という表現になる（詳細は本章2-5の(5)「有意水準」の項目を参照されたい）。授業からヒントを得るときは「小テストの回数を増やせば学習意欲が向上するであろう」などとなる。先行研究からヒントを得る場合は，立証できなかった仮説の一部を少し変えてみるのもよい。

さらに仮説を立てる際に，仮説が棄却されたときを予測し，そ

のときはどう解釈するか，についてもあらかじめ検討しておかねばならない。

2-5 研究デザインの組み立て

このプロセスが最も重要である。それにもかかわらず，時間がないなどの理由で疎かにすることが実に多い。しかし，これは決して許されない。初心者は先行研究のデザインを真似することになるが，必ずしも次に述べる項目までは細かく報告されていない。ここでは筆者が学会の論文を審査した経験から，特にチェックすべき点だけを述べることに留めるので，詳細は清川（1990）を参照されたい。

(1) 操作的定義

たとえば「成績が上位の生徒」，「学習意欲がない生徒」，「基本語」，「学力差」，「教材の難しさ」などは主観的な要素が多分にあり，それを受け取る者によって調査者の認識とかなり差が生じることがある。論文で取り上げるときは，「標準化されたテストXでAランクの生徒」，「アンケート調査で学習意欲が全校のDランク以下と判断できる生徒」，「JACETの2000語」などと限定して定義しなければならない。これを「操作的定義」と呼び，何を基準にするかは研究者によって異なる。

(2) おおまかな分析方法の検討

研究の目的によりどのような統計的手法を用いるか，をあらかじめ決めておかねばならない。AとBとの関係の分析，あるいは二者の関係を予測するならば相関係数を算出する，あるいは回帰分析を行うことになろうし，2グループ間の平均値の差を明らかにしたいならば，平均値の差の検定，3グループ間の平均値の差

を検定したいときは分散分析が必要となる。

(3) 母集団とサンプルの確認

調査,実験にあたってはサンプルを用いることになる。そのサンプル（たとえば,ある高校のあるクラス）が母集団（たとえば,日本の高校生）を代表していると言えるかどうかが重要である。国立大学附属の中・高校生は,研究目的にもよるが,ほとんどの場合,日本の中・高校生のサンプルにはならない。逆に志願者が定員を大きく割った新設高校の高校生もサンプルにはならない。サンプルを選ぶにあたっては,平均的と考えられる高校から,それもできれば複数の高校から選ぶようにしたい。

(4) サンプルの等質性をチェックすべし

たとえば授業で新しい試みを行うなら,その前と後にアンケートあるいはテストを行い,データの差を考察しなければならない。この際,実験群と統制群を設定するとなれば,「実験群」（研究のために特別な教授法を実施するクラス,グループ）と「統制群」（従来の方法で行うクラスなど）は等質と言えなければならない。等質か否かを予測する材料は,クラス分けテスト,期末テストあるいは中間テストの成績でもよい。その2つのサンプルの平均値を統計的に検定して等質とみなしてよいかどうか,を確認してから研究をスタートさせるべきである。

(5) 統計的手法の確認

推計統計的手法を用いると,初心者でもある程度の結論を導くことができる。特に,長年教壇に立っていると,組織的でなく,断片的に経験上いろいろな仮説を立てることができるので,それを証明するために統計を使いたくなる。そのときは,上に述べた項目の他に次のようなチェックを怠ってはならない。

① 尺度は正しいか

分析するデータの尺度によって,次のように分析方法がまった

く異なってくる。

間隔尺度（例：テスト得点）…………………パラメトリック法
比例尺度（例：反応時間，比率）……………パラメトリック法
分類尺度（名義尺度）（例：男子と女子，賛成と反対の数）
　　……………………………………………ノン・パラメトリック法
順序尺度（例：頻度，得点の順位）……ノン・パラメトリック法

②　サンプルは関連しているか，独立しているか，数は十分か

間隔尺度，比例尺度であってもサンプルの数が足りないときは，ノン・パラメトリック法を使うことになる。詳細は専門書（清川(1990)，Hatch & Lazaraton (1991) など）を参照されたい。

平均値の差を検定するときは，2つのサンプルは互いに独立している（例：男子と女子のデータ）か，関連している（例：同じサンプルの学期始めと学期末のデータ）か，特にその前提（例：サンプルの属している母集団のデータは正規分布していると言えるか，など）の確認はできているか，用いるべき公式は間違っていないか（例：ノン・パラメトリック検定を用いるべきか否か），等々のチェックを怠ってはならない。

さらに，使用すべき公式までは Excel のマニュアルに掲載されていないこともある（例：標準偏差にはサンプルの標準偏差と母集団の標準偏差の2種類がある）ので，この点にも計画の段階で十分な注意を払うべきである。

③　分散はどうか

母集団の分散（標準偏差の2乗）が既知か否か，あるいは既知であっても，等しいといえるか否か，によっても分析する公式が異なってくるので注意したい。

④　有意水準はどれか

有意水準とは，仮説を採択できる確率のことである。普通は，95％か99％に設定することになっている。95％のときは，「その

仮説を採択しても95％安全であるが，5％の危険がある」ことを意味する。そのため「危険率」とも言う。これを $p<.05$ と表わし，5％の「有意水準」(level of significance)いう。さらに自信があるときは $p<.01$ に設定する。これは1％の有意水準という。

最近は $p<.1$（10％レベル）を設定して「有意傾向あり」と称する研究書[1]も現れた。これは一般的とは言えないが，参考データとして記述できよう。

なお，初心者はデータを集計してから有意水準を決める傾向があるが，それは決して許されない。計画の段階で設定すべきである。

⑤ 片側検定か両側検定か

仮説を設定する段階で，A組のデータがB組のデータより大きいだろうと予測する場合は「片側検定」，どちらが大きいか予想がつかない場合は「両側検定」を行う。たいていの研究は先行研究のデザインを模倣しているので「片側検定」となることが多い。詳細は清川（1990）を参照されたい。

⑥ どの公式にあてはめるか

上に述べたように，標準偏差（SD）を求める公式は2種類（母集団の SD とサンプルの SD）あるので注意すべきである。平均値の差の検定はサンプルの種類と性質によって7種類の公式があり，3グループ以上の平均値の検定を行う分散分析はさらに複雑である。データを入力する前に専門書[2]でよく確認したい。

---

1) 田中敏・山際勇一郎（1989）『ユーザーのための教育・心理統計と実験計画法』（教育出版）
2) 詳細は清川（1990）の第4章を，ノンパラメトリック法については，Siegel, S., & Castellan, N. J. (1988) *Nonparametric statistics for the behavioral sciences*. (2nd. ed.). New York: McGraw-Hill, Conover, W. J. (1980) *Practical nonparametric statistics*. (2nd. ed.). New York: John Wiley & Sons. を参照されたい。

2-6 予備調査・予備実験を必ず行え

　私が十数年前にある団体から研究基金をもらい，かなり大規模な共同研究を行ったときのことである。私は予備調査の担当であった。ある中学校のESSのメンバーに対して，私が作成した聴解力テストを与えたところ，ほとんどの問いに対して2〜3割の生徒しか正解できなかった。それは，次のような理由であることが分かった。

(1) 長時間かけて用意したテスト問題の指示文が中学生には難しかったこと

(2) 解答の選択肢として用意したイラストが適切ではなかったこと

(3) テスト問題の言語材料は指導要領の範囲内であったが，中学生にあまりなじみのない単語がいくつか含まれていたこと

　もし予備調査を実施しないで本調査を行ったら，全国から抽出したサンプル約2,000名の中・高校生の平均値は10〜20点ぐらいになっていただろう。そう思うと，今でも背筋が寒くなる。

　予備調査を実施できなかったと考えられる例をあげよう。

　ある県で大規模な放送テストを行った。その中に，答えを4つのイラストから選ばせる問題があったが，明らかに2通りに解釈できるものが混じっていた。その結果，言語材料は易しかったにもかかわらず，正解率が極めて低くなってしまったことがあった。

　イラスト，略画，スケッチ，写真のような非言語メッセージは，ときとして送り手が何を伝えようとしているのかが受け手に正しく伝わらないことがある。このようなコミュニケーションの行き違いによる影響が言語材料以上に大きいことが多いので，念を入れて作成し，チェックしたい。

　予備調査，実験で不備な点が見つかれば，材料，方法を含めて

研究デザインをあらためて組み立てなおすことになる。

2-7　本調査・本実験

いよいよ本調査・本実験にとりかかることになる。あらかじめ用意したメモ，マニュアルに従って実施しても，予定通り進まないことが多い。どのような細かいことであっても，始めから終わりまでに気づいたこと，特に調査，実験の内容と材料，生じたトラブル，予想通り実施できなかった点（金銭的，時間的なこと，進め方など）を，協力者の人数などの記録とともにメモしておきたい。

2-8　データの集計・分析

データが集まったら，後に整理しやすいようにサンプルごとに記号をつけておく（12章の1「アンケート調査の方法」を参照）。

次にいよいよあらかじめ立てた計画に従って集計にとりかかる。初心者はデータの読み違い，入力ミスがあるので十分確認することを習慣にしたい。その他，データの紛失など想像できないような初歩的なミスが起こることもあるので，管理には細心の注意を払いたい。

2-9　結果の分析と記述

実験，調査結果が集計できたら次は分析に移る。このステップは次の段階に分けられる。
(1)　仮説を確認する
(2)　有意水準を確認する

(3) 仮説が採択されるかどうかを検討する

データを入力し，マニュアルに従ってあらかじめ定めた有意水準で仮説が採択されるか否か，をチェックする。

調査，実験の結果は仮説ごとにまとめて簡潔に述べればよい。ここでは代表値を中心に記述し，表を使って見やすいように工夫する。この際，折れ線グラフ，棒グラフ，円グラフなどのグラフを必ず加えて，結果が一目で分かるようにすべきである。その他の詳細な個々のデータおよび詳しい実験材料，テスト材料，調査内容は必要に応じて付録にまとめるほうがよい。

2-10 結論

結論を記述するにあたって，限られたデータから得られた結論をもとに仮説を一般化（generalize）してはならない。「平均的な高校生はこの研究の結果から…するほうがよいと言える」などは決して述べてはならない。初めて試みた研究では，誰でもその結論を一般化したくなるものである。特に，有名な研究の結果の一部分に疑問を投げかけるような結論が出ると，つい大きな発見をしたような錯覚に陥ってしまう。しかし，よく似たサンプルで別の調査，実験を行うとかなり違った結果が出るかもしれないのである。たとえ比較すべきデータの差が0.1％レベル（999/1000の確率で差があると推定できるが，1/1000の確率で否定される可能性がある）で統計的に有意であったとしても，不確かな一般化は避けなければならない。ひとつの小さな研究で大きな知見が得られるなどということはまずありえない。継続して研究し，「○○に関する実験的研究（その5）」あたりまでになってはじめて，ある程度まとまった結論が出せるのである。

たまたま見かける例であるが，結論が飛躍したり，論理的でな

い結論の導き方をしているケースもあるので注意したい。

2-11 考察と今後の課題

　研究の結果をまとめ，統計的検定を行い，その結果仮説が支持されたならば「考察」は比較的容易である。しかし，比較するデータが統計的に有意でなく，仮説が支持されなかったら，なぜ支持されなかったか，を分析しなければならない。「サンプルが少なかったので」などというような幼稚な言い訳は決して許されない。

　権威のある学術誌（例えば，*Reading Research Quarterly*）の論文でもすべての仮説が支持されているわけではない。4個の仮説のうち，2個しか支持されない論文もかなり採用されている。論文の価値は「something new があるかどうか」であると言われる。これは「創造性（originality）」があるかどうかということで，その研究の仮説がどれだけ多くの統計的検定を使ったか，は必ずしもその研究の価値を決める第一の要素ではない。それでは「創造性とは何か」が問題となってくるが，新しい教授法あるいは評価法を試すという野心的な試みでなくても，ひとつの教授技術に関する仮説でもよい。例えば，基本文の暗唱を重視する教え方とそうでない教え方の比較でも，十分に英語教育に貢献すると言えるからである。ただし，この場合は，実験群で授業時間内に基本文を暗唱させる時間に，対照群では他の作業をさせることになる。ほかの要因は全く同じでなければならない。

　それに加えて，今一度以前に参照した文献を「分析的に」読み返すと必ず多くのヒントが得られるものである。次に，実験材料を含めて実験方法，調査，テストの内容と方法，文章表現の適切さをチェックしてみる。自信がないときは友人にチェックを依頼

するのもよかろう。

最後の「今後の課題」では，自分あるいは同じテーマで研究する者のために比較的自由に記述してよい。平均的な生徒を対象とした研究ならば，研究対象を学習意欲の少ない生徒に変えて試みた場合の予測になるかもしれない。

このように，主として研究方法に多くのスペースが費やされるが，ここでも文献研究で読んだ論文が役に立つ。高校生を対象として実験，調査したときは大学生を想定して実験デザインを組むのも楽しい。比較的研究されてない分野では，大きな構想を立ててみるのもよかろう。ただし，実現の可能性を考慮にいれなければならないのは当然のことである。

2-12 発表

学会で口頭発表をしたいとき，まず応募するための発表の要旨を書かねばならない。それに添える参考文献を書くときは，アメリカ心理学会（American Psychological Association）が定めたスタイル[1]に従うほうが良い。なぜなら米国の外国語教育に関する博士論文のほとんどはそのように決められており，日本でも，「外国語メディア学会」の機関誌への投稿するときもそれに従うような規定になっている。ちなみに *JACET*（大学英語教育学会）*Bulletin* の規定は次のようである。

---

1) 従来は MLA（Modern Language Association）のスタイルに従う，あるいは特に定めていない学会もあった。APA のスタイルで書くと，Klare, G. R. (1963). *The measurement of readability.* Iowa: Iowa State University. となり，MLA のスタイルに従うと，Klare, George R. *The Measurement of Readability*. Iowa: Iowa State University. 1963. となる。なお，APA のマニュアルは2001年に第 5 版が出版され，第 4 版と比べると，基本的な方針は変わらないが，ウェッブ・サイトで入手した情報を参考文献に含めるときのマニュアルが特に詳しくなっている。

All submissions to the *JACET Bulletin* should confirm to the requirements of the *Publication Manual of the American Psychological Association,* 4th edition.

原稿を書き終わったら誤字・脱字のチェックを行うが、参考文献はチェックし忘れることが多いので気をつけたい。引用文は孫引きあるいはカードからではなく、必ず原典にあたって確認するべきである。いくつかの学会の紀要の論文審査を行った経験から述べると、特に年号の間違い（例：1987を1978とするなど）が多い。

さらに発表する前には詳しい原稿を見ながら必ずリハーサルを行うべきである。比較的新しい機器を用いる時は思わぬトラブルがあり、大切な項目を報告し忘れたり、予定の時間を超過してしまうこともあるので、その操作に慣れておくことも忘れてはいけない。

2-13 発表後の連絡

口頭発表であっても、調査・実験を行ったときは、研究結果の要点を簡潔にまとめて報告書を作成し、協力してもらった団体、個人に、礼状とともにできるだけ早く送るように心がけたいものである。この報告書では、統計的な分析に不慣れな人もいることを想定して専門語をできるだけ少なくし、その研究で最も大きな知見を中心に箇条書きしたり、グラフを利用するなどしてできるだけ分かりやすい表現を用いるべきである。今後の研究の課題、抱負を加えることもよかろう。

以上で、ひとつの研究が完了したと言えるのである。

14 文献研究

 ここで取り上げる論文は Laufer and Nation が開発したテストに関してその妥当性を実証した研究論文（*Language Testing* 誌掲載）である。語彙テストに関する論文としては比較的よく知られており，分析の手順，方法が参考になると考え，文献研究のサンプルとして採用した。紙面の関係で要点のみを紹介し，難解になりやすい箇所には，かなりの補足説明を加えた。「付録」も一部分にとどめた。この種の研究に関心のある方は原文を参照しつつ，研究の進め方，まとめ方を批判的に読み進んでいただきたい。

 この論文で用いられているテストは，学習者の発表語彙のレベルを予測するために開発されたテストである。これは語彙統計を基礎として，その各レベルから語彙を選び，著者が開発した独自の穴埋め方式で書かせるもので，各レベルについて4種類の平行テストを用意している。それぞれの妥当性を検証するために統計的分析（内的一貫性の検討，分散分析，平行テストの等価性の検討など）を行ったものである。このテストには信頼性，妥当性があり，実用性もあることが実証された。

 なお，Nation, P. (2001) *Learning Vocabulary in Another Language,* Read, J. (2000) *Assessing Vocabulary*（いずれも Cambridge University Press),および『英語教育』(大修館書店) 2002 年 2 月号の語彙テストに関する記事を同時に参照することをお薦めしたい。

Laufer, B. & Nation, P. (1999). A vocabulary-size test of controlled productive ability. *Language Testing*, *16*, 33-51.
(学習用発表語彙の大きさを予測するテストに関する研究)

I. 語彙テストの目的と種類

語彙の知識は,研究結果が示すように,第一言語でも第二言語でも言語能力にとってきわめて重要である。それを測定する語彙テストは,構成的妥当性の研究をはじめ,いくつかの観点から研究され,現在注目を集めている。このような関心が増大するのは,語彙テストの結果が学習者の能力の診断,クラス分けテストの資料,カリキュラムの設計に役立つからであろう。

たとえば,Vocabulary Levels Test (Nation, 1983; 1990) は,限られた時間内に効率的に,ある学習者に教えるべき語彙にどのような注意を払うべきか,を教師が考えるのに役立っている。なぜならば,高頻度の語彙と低頻度の語彙を教えるプログラムは異なっているからである。このテストは,次の例のように,6語の選択肢から3語をマッチさせるものである。

```
1 business
2 clock      __6__  part of a house
3 horse      __3__  animal with four legs
```

4 pencil　　　　　　　__4__　something used for writing
5 shoe
6 wall

　同様のテストに Eurocentres Vocabulary Size Test (Meara & Buxton, 1987) がある。これは60語の項目を用いて，学習者の語彙の知識を短時間にテストできる。「単語を知っている」と一口にいっても，その単語のレベルは様々である。受容語彙か，発表語彙かの他に，コロケーションとの関連，連想との関連，文脈の中で正しく用いられるかどうか，までも含むことがある。これらは語彙習得の全体像をとらえるために考慮すべき項目である。

　ある語彙レベルテストで高い点数を取っているのにライティングで語彙を自由に使えない生徒がいると仮定しよう。そのような生徒にどのようなタスクを与えるべきかという目標も考えねばならない。発表語彙テストは，このようにコースによって軽視されている目標を再考するのに役立つのである。

　その他に，リテリングさせるタスクを与えて語彙の知識の深さを測定しようとするテストも開発されている。

II. 語彙の頻度とレベル

　本研究のテスト形式（付録を参照）はライティングにおける語彙の大きさをテストするために用いられていたものである。

　出現頻度に基づいた英語の語彙の量をテストするものとしてVocabulary Levels Test (Nation, 1983; 1990) がある。これは最も頻度の高い1,000語のテスト，次に頻度の高い1,000語のテストというように構成されている。これにならってレベル別の方式を採用したのは，次のような説得力のある理由があるからである。

第1に，最も頻度の高い1,000語は，話された文章の約84%を，書かれた文章の約75%をカバーしているからである。これと対照的に，10,000語レベルでは1%にしかならない。第2に，英語には極めて多くの単語があるが，どの授業でも限られた語数しか取り扱えない。したがって，焦点をあてるべき単語を注意深く選ぶことが必要となるからである。

　このような理由で，最も頻度の高い2,000語とその他の多くの頻度の低い単語を区別したい。すべての条件が同じならば，単語は，1,000語レベルを最初に，次に2,000語レベルというように，高頻度の単語を最初にして，おおまかな頻度順に学ばせるべきである。

　単語の頻度の研究では，頻度が低くなると全体に占める割合が急激に減少する。たとえば，Table 1 は Brown Corpus に基づいたデータである。見出し語の累積度数が，調査したテキストの単語全体のどれだけの割合を占めるかを示したものである。

Table 1 単語のレベルと書かれたテキストの中で占める割合

頻度のレベル	累積百分率	テキストの中で占める割合
最初の1,000語	72.0%	72.0%
1,001—2,000語	79.7%	7.7%
2,001—3,000語	84.0%	4.3%
3,001—4,000語	86.8%	2.8%
4,001—5,000語	88.7%	1.9%
5,001—6,000語	89.9%	1.2%

　教育的観点から言えば，最頻の2,000語が注目に値する。それ以上の語は，「文脈からの推測の仕方」，「記憶の仕方」などとい

うように，単語の学習ストラテジーと処理の仕方に注意を向けさせる指導が必要となる。

III. 学習用発表語彙テスト

発表語彙の能力は，yes/no で答えられるテストでは測れるものでなく，語彙の知識の深さと大いに関連がある。たとえば，教師が，ある学習者に低頻度の単語を含む文を与えても，その学習者はそれを使おうとはせず，同じ意味でより頻度の高い単語を使いたがる。それはひとつには，その低頻度の単語の用法について自信がないからであり，これは不完全な知識の反映といえる。そこで，学習者が，ある単語を自由に使って発表できる能力（free productive ability）を測定したいと考えて開発されたテストが，Lexical Frequency Profile（学習用でない発表語彙をテストするテスト，Laufer and Nation, 1995）である。

「ある単語を自由に使って発表できる能力」に対し，教師あるいは研究者が与えた単語を，限られた場面やコンテキストで使わざるをえない状況で使う能力を学習用発表能力（controlled productive ability）と呼ぶことにする。すなわち，与えられた文脈の空所を補充する問題を与え，この成績によってこの能力を測定しようとするものであり，このテストでは「学習用発表能力」をみる形式のテストを採用した。

このテストではどの項目も空所にヒントとなる文字を加えてある。次のようなものである。

I'm glad we had this opp＿＿ to talk.
There are a doz＿＿ eggs in the basket.

このような形式は C-test に似ているが，その違いは，パラグラフの中ではなく，センテンスの中で用いられていること，cue

の長さが違うことである。C-test では最小の長さの cue を与える（目標語が偶数の文字から成り立つ場合は後半を削除して前半だけを与える。奇数文字の単語ならば最後の1字を引いてその後半を削除したもの）が，このテストでは，cue が2文字になった場合に，他の解答の可能性がないように3文字を与えることとした。また，下線の長さが補充する語の長さのヒントにならないように配慮した。

IV. 研究1：本テストの妥当性の研究

1. 研究課題と仮説

この「学習用発表語彙テスト」のレベル別の形式と内容が学習者の言語能力の異なったレベルを正しく弁別できるかどうか，を検証し，その結果によってこのテストの妥当性の根拠としたい。なぜならば，これまでの研究から言語能力の高い学習者は，より多くの語彙を知っており，語彙のサイズは言語能力の一部を構成しているといえるからである。したがって研究仮説は，いくつかのレベルの言語能力の被験者が，このテストの5つのレベルのテストを受け，その点数の間に有意な差があるか否か，となる。

この仮説を Laufer and Nation (1995) で発表した Version A を用いて検証した。受容語彙をテストした Vocabulary Levels Test (Read, 1988) では，この方法を用い，受験者の語彙力についてかなりの程度測定できたからである。

2. 被験者と手続き

英語を外国語として学ぶ高校生と英語科の大学1年生を被験者に選んだ。その内訳は次のようである。

10年生…24名　11年生…23名　12年生…18名　大学生…14名

問題文の作成にあたっては,原案の英文チェックを3名の母語話者に依頼した。修正にあたっては,文脈を変更することにしたが,それでも誤解を受けたり,解答が複数出ると予想されたときは,ヒントとなる文字をさらに加えた。修正版を別の母語話者にチェックしてもらったので,合計6人以上のインフォーマントがチェックしたことになる。

テストの採点にあたっては,文法的な誤りや小さな綴りの誤りがあっても正解とした。各被験者について各レベルの正解数と合計点,すなわち6種類のロー・データを算出した。

3. データの分析とその結果

今回用いた Version A の内的一貫性は,Kuder-Richardson の KR-21公式[1]では0.86であった。Table 2 は Test Version A の5レベルの信頼性係数を示したものである。各レベルについて分散分析（$ANOVA$）を行い,各レベルで Duncan の検定を行った。

Table 2　Version A の各レベルの信頼性係数

レベル	信頼性係数
2,000語レベル	0.77
3,000語レベル	0.81
大学生用リスト	0.84
5,000語レベル	0.84
10,000語レベル	0.90

Table 3 のデータをみると,学年が増えるに従ってスコアが増

---

[1] 信頼度を数的に表わす1つの方法で次の公式で求める。
$$KR\text{-}21 = \frac{K}{K-1}\left[1 - \frac{M(K-M)}{Ks^2}\right]$$
（ここで,K＝テストの項目数,M＝平均点,s＝得点の標準偏差。）

加しており、合計点でもそうである。各学年をレベル別にみても、レベルが上がるに従ってスコアが上昇している。縦横ともに一貫して上昇している、といえる。F 検定（分散分析）[1]を行った結果、各レベルに関しては、どの学年のグループも有意であった。Duncan の検定[2]を行ったところ11年生と12年生を除き、グループ間の差は有意であった。11年生と12年生のスコアは見かけ上の差はあるが、統計的には有意でなかった。

これは問題の改訂が不十分であったからかもしれない。もっと多くの被験者を用いれば有意になったと考えられる。全体としては、このグループ間の能力を区別できるといえる。

Table 3 各グループおよびレベル別の平均値、F 検定の結果

	10年生 (24名)	11年生 (23名)	12年生 (18名)	大学生 (14名)	F 検定の結果 ($p=0.0001$)
2,000語レベル	11.8	15.0	16.2	17.0	17.9
3,000語レベル	6.3	9.3	10.8	14.9	21.2
大学生用リスト	2.6	5.3	7.4	12.6	34.6
5,000語レベル	1.0	3.9	4.7	7.4	12.6
10,000語レベル	0.0	0.0	0.9	3.8	13.6
計	21.7	33.4	40.1	55.8	32.6

10,000語レベルでは、大学生のみが他のグループと有意に異

---

1) 3つ以上のサンプルの平均値が統計的に有意かどうかを検定する方法。基本的な考え方は清川 (1990) の pp. 75-83、詳しくは森・吉田 (1990)『心理学のためのデータ解析テクニカルブック』（北大路書房）、コンピューター出力に関しては石村貞夫 (1994)『すぐわかる統計処理』（東京図書）を参照されたい。
2) 分散分析を行い、有意差があれば、その後に2群ずつの比較を行う。そのための検定法の1つで、自然科学系で多く用いられている方法。

なっていた。10年生，11年生にとってこのような低頻度の単語テストでは全く点数が取れず，12年生でも極めて低い。3,000語，5,000語レベルでも11年生と12年生の差は有意でなかった。

2,000語レベルでは大学生と12年生の成績の差，および11年生と12年生の差は有意ではなかった。しかし，11年生と大学生の差は有意であった。大学生用リストでは4グループの語彙力を明確に区別していることが興味深い。さらに，学年が上がるにつれて明らかに語彙力の増加が見られる。

これらの結果から，語彙力が増加するにつれて頻度レベルを順次マスターしており，このテストは語彙力の伸張を測定するための妥当な尺度であることを示しているといえる。

4. 実用性

このテストは，極めて実用的な道具である。短時間に実施でき，採点も容易で，全部で3ページにしかならない。採点にあたってはコンピューター化が可能であるが，綴りの間違いをどのように処理するか，が問題である。

結果の解釈も容易である。大学生レベルを除けば各レベルが1,000語を表わしているので，点数はそのレベルの単語数を示すおおまかな指標となる。ある生徒が1,000語レベル全18問のうち9問正解ならば，約500語を発表語彙として使うことができる，ということになる。

V. 研究2：平行テストの等価性

Version A に加えて，それぞれのレベルの被実験者について3種類の平行テストを作成した。この種のテストは，ある期間の前後にテスト／再テストを行うものであり，語彙力の伸張を測定

するにあたって，記憶による効果を取り除くことができるので有効である。

1. 被験者と手続き

研究1では，各被験者はすべてのレベルのテストを受けたが，研究2では，各語彙レベルについて異なった学年から1グループ，合計4グループを選んだ。それぞれのグループは，同じレベルの4種類の平行テスト（Forms A−D）を受けた。あるテストが難しすぎたり易しすぎたりすると，テスト間の見かけ上の相関は高くなるが，相関係数自体に意味はなく，説得力のあるデータとはならないからである。10,000語レベルのテストを加えなかったのは，適切な被験者がいなかったためである。結果の分析にあたっては，それぞれのformについて4レベルの信頼性係数と平行テスト間のピアソンの相関係数を求めた。

2. 分析結果と解釈

Table 4には各レベルのテストの信頼性係数（KR-21）を示してある。各レベルの被験者数が異なっているため，全体の信頼性係数は求めなかった。しかし，Form内の信頼性係数（KR-21）は求めることができ，Form Aでは0.86，Form Cでは0.91であった。信頼性係数に差がみられるのは，項目が多く，各レベルの被験者が18名しかいなかったからである。5,000語レベルで低いのは，被験者が少なかったことと，そのグループが等質であったことによる。

Table 4　平行テストの各レベルの信頼性係数

レベル	Form A	Form B	Form C	Form D
2,000語レベル	0.51	0.67	0.80	0.67
3,000語レベル	0.50	0.39	0.47	0.56
大学生用リスト	0.72	0.63	0.61	0.78
5,000語レベル	0.61	0.38	0.04	0.02

次の Table 5 には各レベルの，各 Version 間の相関を示してある。

Table 5　平行テスト間の相関

	A/B	A/C	A/D	B/C	B/D	C/D
2,000語レベル （45名）	0.82*	0.82*	0.78*	0.83*	0.81*	0.77*
3,000語レベル （36名）	0.71*	0.70*	0.82*	0.82*	0.71*	0.80*
大学生用リスト （33名）	0.75*	0.80*	0.84*	0.83*	0.76*	0.80*
5,000語レベル （18名）	0.72	0.83*	0.69	0.49	0.77	0.67
	($p=.004$)		($p=.003$)	($p=.1$)	($p=.003$)	($p=.006$)

注：*印は0.0001レベルで有意であることを示している。

例えば，2,000語レベルのテストでは，Version A と Version B の相関は0.82であり，0.0001レベルで有意であった。

全体の傾向として，中程度の相関あるいは高い相関があり，ほとんどが有意であった。ただ5,000語レベルでの低い相関は被験者数が少なかったことに加え，受験者のこのレベルの単語の知識

が寄せ集めで組織的でなかったためらしい。

　これらのテストは、診断テストとして企画されたものなので、4種類の平行テストの等質性をチェックするには、生徒にテストを実際に与えて、同じ結論、すなわち、生徒の単語力のレベルが同じである、といえれば良い。すなわち、2,000語レベルならば、4つの Version でよく似た結果が出るかどうか、である。

　2,000語レベルは、高頻度と低頻度の語彙を区別する境界線なので、これを取り上げた。Table 6 はその結果を示している。このテストで45名の内6名のみが理想的な、80％以上の正解率であった。そこで12問の正解率、すなわち67％、で2,000語レベルの発表語彙を持っていると判断する基準とした。

　Table 7 は互いに高い相関をもった version のデータを示している。診断の目的ではどの version を用いてもよいが、test/retest の目的では付録の version を推薦したい。なお、どの相関も $p < .0001$ で有意であった。

Table 6　2種類以上の平行テストにおける成績 (45名)

基準	4種類すべて	3種類	2種類
12点	28名	13	4
9点(総平均点)	28	13	4

Table 7　平均値が同じで、互いに高い相関を示した2種類のテスト

レベル	2000語 B/C	3000語 C/D	5000語 A/C	大学生用 C/D
平均値	6.7/6.3	3.8/3.9	3.7/3.5	5.1/5.7
標準偏差	3.3/3.3	2.3/2.6	2.3/1.7	2.9/3.8
相関係数	0.83	0.80	0.82	0.80

VI. 結論と今後の研究課題

　この学習用発表語彙レベル・テストは，語彙の発達を測定するための信頼でき，妥当性があり，実用的な尺度であることが分かった。さらに，このテストは受容語彙テストに加えて学習者に関する新しい情報を提供してくれるものである。

　このテストは語彙習得に関するいくつかの重要な課題を研究するために数的な尺度にもなる。これとともに，受容語彙テストおよび Lexical Frequency Profile (Laufer and Nation, 1995) を用いることにより，次のような課題を研究することができる。

(1) ある期間の後，異なったタイプの語彙に対する知識がどのように変化するか。
(2) 同じ学習者でも，異なったタイプの語彙に対する知識の間にどのような関係があるか。
(3) それらの知識が時間の経過によって変化するか。
(4) それらの知識は異なった教授法によって，異なったインプットのしかたを試みると，どのような発達の違いがみられるか。

◆参考文献（主なもののみ）

Francis, W. N. and Kučera, H. 1982: *Frequency analysis of English usage*. Houghton Mifflin.

Goulden, R., Nation, P. and Read, J. 1990: How large can a receptive vocabulary be? *Applied Linguistics* 11, 341-63.

Klein-Braley, C. 1985: A close-up on the C-test: a study in the construct validation of authentic tests. *Language Testing* 2, 76-104.

Laufer, B. and Nation, P. 1995: Vocabulary size and use: Lexical richness in L2 written production. *Applied Linguistics* 16, 307-22.

Meara, P. and Buxton, B. 1987: An alternative to multiple choice vocabulary tests. *Language Testing* 4, 142-51.

Nation, I. S. P. 1983: Testing and teaching vocabulary. *Guidelines* 5, 12-25.

Nation, I. S. P. 1990: *Teaching and Learning Vocabulary*. Newbury House.

Perkins, K. and Linville, S. E. 1987: A construction definition study of a standardized ESL vocabulary test. *Language Testing* 4, 125-41.

Read, J. 1988: Measuring the vocabulary knowledge of second language learners. *RELC Journal* 19, 12-25.

（※この章の参考文献の書き方は原著者のスタイルに従った）

◆付録1

Levels Test of Productive Vocabulary : Parallel Version 1

Complete the underlined words. The example has been done for you.

He was riding a bic_ycle_.

The 2000-word level

1. I'm glad we had this opp_____ to talk.
2. There are a doz_____ eggs in the basket.
3. Every working person must pay income t_____.
4. The pirates buried the trea_____ on a desert island.
5. Her beauty and cha_____ had a wonderful effect on men.
6. La_____ of rain led to a shortage of water in the city.
7. He takes cr_____ and sugar in his coffee.
8. The rich man died and left all his we_____ to his son.
9. Pup_____ must hand in their papers by the end of the week.
10. This sweater is too tight. It needs to be stret_____.
11. Ann intro_____ her boyfriend to her mother.
12. Teenagers often adm_____ and worship pop singers.
13. If you blow up that balloon any more it will bur_____.
14. In order to be accepted into the university, he had to impr_____ his grades.
15. The telegram was deli_____ two hours after it had been sent.
16. The differences were so sl_____ that they went unnoticed.
17. The dress you're wearing is lov_____.
18. He wasn't very popu_____ when he was a teenager, but he has many friends now.

The 3000-word level

1. He has a successful car_____ as a lawyer.
2. The thieves threw ac_____ in his face and made him blind.
3. To improve the country's economy, the government decided on economic ref_____.
4. She wore a beautiful green go_____ to the ball.
5. The government tried to protect the country's industry by reducing the imp_____ of cheap goods.
6. The children's games were funny at first, but finally got on the parents' ner_____.
7. The lawyer gave some wise coun_____ to his client.
8. Many people in England mow the la_____ of their houses on Sunday morning.
9. The farmer sells the eggs that his he_____ lays.
10. Sudden noises at night sca_____ me a lot.
11. France was proc_____ a republic in the 18th century.
12. Many people are inj_____ in road accidents every year.
13. Suddenly he was thru_____ into the dark room.
14. He perc_____ a light at the end of the tunnel.
15. The children are not independent. They are att_____ to their parents.
16. She showed off her sle_____ figure in a long narrow dress.
17. She has been changing partners often because she cannot have a sta_____ relationship with one person.
18. You must wear a bathing suit on a public beach. You're not allowed to be na_____.

(以下省略)

◆付録2

Levels Test of Productive Vocabulary : Parallel Version 2

Complete the underlined words. The example has been done for you.

He was riding a bic*ycle*.

The 2000-word level

1. It is the de____ that counts, not the thought.
2. Plants receive water from the soul through their ro____.
3. The nu____ was helping the doctor in the operation room.
4. Since he is unskilled, he earns low wa____.
5. This year long sk____ are fashionable again.
6. Laws are based upon the principle of jus____.
7. He is walking on the ti____ of his toes.
8. The mechanic had to replace the mo____ of the car.
9. There is a co____ of the original report in the file.
10. They had to cl____ a steep mountain to reach the cabin.
11. The doctor ex____ the patient thoroughly.
12. The house is su____ by a big garden.
13. The railway con____ London with its suburbs.
14. She wan____ aimlessly in the street.
15. The organizers li____ the number of participants to fifty.
16. This work is not up to your usu____ standard.
17. They sat down to eat even though they were not hu____.
18. You must have been very br____ to participate in such a dangerous operation.

The 3000-word level

1. I live in a small apa_____ on the second floor.
2. The pro_____ of failing the test scared him.
3. Before writing the final version, the student wrote several dra_____.
4. It was a cold day. There was a ch_____ in the air.
5. The cart is pulled by an o_____.
6. Anthropologists study the str_____ of ancient societies.
7. After two years in the Army, he received the rank of lieu_____.
8. The statue is made of mar_____.
9. Some aristocrats believed that blue blood flowed through their ve_____.
10. The secretary assi_____ the boss in organizing the course.
11. His beard was too longHe decided to tr_____ it.
12. People were whir_____ round on the dance floor.
13. He was on his knees, ple_____ for mercy.
14. You'll sn_____ that branch if you bend it too far.
15. I won't tell anybody. My lips are sea_____.
16. Crying is a nor_____ response to pain.
17. The Emperor of China was the supr_____ ruler of his country.
18. You must be awa_____ that very few jobs are available.

(以下省略)

参考文献

池田 央(1992)『テストの科学』(日本文化科学社)
鎌原雅彦 他(1998)『心理学マニュアル 質問紙法』(北大路書房)
清川英男(1990)『英語教育研究入門』(大修館書店)
語学教育研究所 編(1978)「経年的定着度調査から見た中高連携の問題点」『英語教育年鑑1978年版』(開拓社)
靜 哲人(2002)『英語テスト作成の達人マニュアル』(大修館書店)
鈴木 勉(2001)『Excelでアンケートデータを入力・集計する』(ディー・アート)
田中 敏(1996)『実践心理データ解析』(新曜社)
田中 敏・山際勇一郎(1989)『ユーザーのための教育・心理統計と実験計画法』(教育出版)
辻 新六・有馬昌宏(1987)『アンケート調査の方法──実践ノウハウとパソコン支援』(朝倉書店)
日本英語検定協会(2002)『英検ガイド2002』(日本英語検定協会)
羽鳥博愛 他(1979)『英語指導法ハンドブック(4)評価編』(大修館書店)
濱岡美郎(1995) An Analysis of Factors which Affect Human Subjective Evaluation of Speeches in a Speech Contest (『早稲田大学教育学研究科紀要』別冊3号)
室 淳子・石村貞夫(1998)『Excelでやさしく学ぶ統計解析』(東京図書)
Brown, J. D. (1996). *Testing in language programs*. NJ: Prentice Hall.
Cohen, A. D. (1994). *Assessing language ability in the classroom* (2nd ed.). Boston: Heinle & Heinle.
Conover, W. J. (1980). *Practical nonparametric statistics* (2nd ed.). New York: John Wiley & Sons.
Hatch, E. & Lazaraton, A. (1991). *The research manual: Design and statistics for applied linguistics*. New York: Newbury House.
Hindmarsh, R. (1980). *Cambridge English lexicon*. Cambridge: Cambridge University Press.
Laufer, B. & Nation, P. (1999). A vocabulary-size test of controlled productive ability. *Language Testing, 16*, 33-51.
Siegel, S. & Castellan, N. J. (1988). *Nonparametric statistics for the behavioral sciences* (2nd ed.). New York: McGraw-Hill.

■索引

記号・アルファベット

＊　53
／　53
＋　66
$　90,124
$\overline{X}$　78

APA　195
AVERAGE　38
COUNTIF 関数　44,51,166
C-test　201
Excel　11
IF 関数　68,107
MLA　195
SP 表　130
SUM 関数　110

あ

アドイン　100
アンケート調査　153,154
一般化　193
ウィザード　24
ウィンドウメニュー　17
円グラフ　48
重み付け　59,65

か

回答のゆれ　173
学習用発表語彙テスト　201
学習用発表能力　201
片側検定　190
間隔尺度　189
関数　18,31
行番号　12
グラフ　18
グラフ表示　46
クリック　18
クロス集計　170
系統抽出法　175,177
経年的研究　182
結果の分析と記述　192
結論　193
研究仮説　185
研究課題　181
研究計画　180
研究デザイン　187
語彙テストの目的　198
語彙の頻度　199
誤差　173
誤差の範囲　71
5 段階評価　83

さ

最小値　75
最大値　75
再表示　64
最頻値　73
削除　24
散布図　150
サンプリング　77,155,175
サンプル　76,174,188
シート　12
シートのコピー　164
実験群　179,188
実証的研究　179

尺度　188
自由回答法　156
従属変数　183
10段階評価　83
集落抽出法　176
条件付き書式　134
書式メニュー　15
信頼性係数　203
推測　76
数式バー　12
正規分布　83,94
正答率　42,105,106,112
絶対評価　94
セル　12
全数調査　174
選択　21
選択肢　156
選択率　42,106
尖度　74
層化抽出法　176,177
相関関係　143
相関係数　144,147
操作的定義　187
挿入　24
挿入メニュー　15
ソート　42
属性　170

た

ダイアログボックス　31
代表値　73,95
多段抽出法　176,177
単純抽出法　175,177
中央値　73
調査票　157,159
ツールバー　17
ツールメニュー　16
データ　37,164
データ範囲　44
データベース関数　166
データメニュー　16,41
テストの種類　3
等間隔抽出法　175
統計　32
統制群　179,188
独立変数　183,184
ドラッグ　18

な

名前ボックス　12
並べ替え　25

は

ハイライト　21
バックアップ　11
範囲　18,30,33
範囲（統計）　75
ハンドル　99
ヒストグラム　97,167
非表示　63
非標本誤差　173,174
ピボットテーブル　170,172
評価基準　59
評価の信頼性　140
表示メニュー　14
標準偏差　74
標本誤差　173,174
標本調査　174
標本平均　77
比例尺度　189

ファイルメニュー　13
プリコード回答法　156
分散　75, 189
分析ツール　32, 97, 100
分布表　87
分類尺度　189
平均値　70, 72, 73, 76
平均点　95
平行テストの等価性　205
偏差値　121, 122, 123, 124
編集メニュー　14
弁別力指数　48
母集団　77, 155, 173, 188
母平均　77
本実験　192
本調査　159, 192

ま

マウスポインタ　13

名義尺度　189
メニュー　10
目的　185

や

有意水準　189
予備実験　191
予備調査　158, 191

ら

両側検定　190
レーダーチャート　113, 116
列記号　12
列，行の挿入　62

わ

ワークシート　11
歪度　74

[著者略歴]

清川英男（きよかわ　ひでお）

和洋女子大学名誉教授。金沢大学教育学部卒業。中学・高等学校教諭を経て，国際基督教大学大学院修士課程修了。大学英語教育学会・日本言語テスト学会 他会員。
主著：『英語教育研究入門』（大修館書店）

濱岡美郎（はまおか　よしろう）

広島国際大学教授。早稲田大学教育学部英語英文学科卒業，同学大学院教育学研究科修了。東京都中学校・高等学校教諭を経て，現職に至る。大学英語教育学会・関東甲信越英語教育学会 他会員。
主著：『Moodleを使って授業する！なるほど簡単マニュアル』（海文堂）
　　　『国際ビジネスのコミュニケーション』（共著，実教出版）
　　　Can Japanese Students Pass the Entrance Examinations for Universities?：*Journal of Pan-Pacific Association of Applied Linguistics Vol. 3* 他

鈴木純子（すずき　じゅんこ）

元和洋女子大学短期大学部助教授。和洋女子大学英文学科卒業，千葉大学大学院修士課程修了。大学英語教育学会・外国語教育メディア学会・日本教師教育学会 他会員。
主要論文：The Effects of Pictures on English Listening Comprehension：Focus on the Amount of Contextual Information：『和洋英文学』27号 他

英語教育21世紀叢書
英語教師のための Excel 活用法
Ⓒ Kiyokawa Hideo, Hamaoka Yosirô, Suzuki Junko, 2003

NDC 375 / xii, 218p / 19cm

初版第 1 刷 ────2003年 4 月 1 日
　第 4 刷 ────2009年 9 月 1 日

著者 ──────清川英男・濱岡美郎・鈴木純子
発行者 ─────鈴木一行
発行所 ─────株式会社 大修館書店
　　　　　　〒101-8466　東京都千代田区神田錦町3-24
　　　　　　電話03-3295-6231（販売部）　03-3294-2357（編集部）
　　　　　　振替00190-7-40504
　　　　　　[出版情報] http://www.taishukan.co.jp

装丁者 ─────中村愼太郎
印刷所 ─────文唱堂印刷
製本所 ─────難波製本

ISBN978-4-469-24485-4　Printed in Japan
Ⓡ本書の全部または一部を無断で複写複製（コピー）することは，著作権法上での例外を除き禁じられています。